KB270943

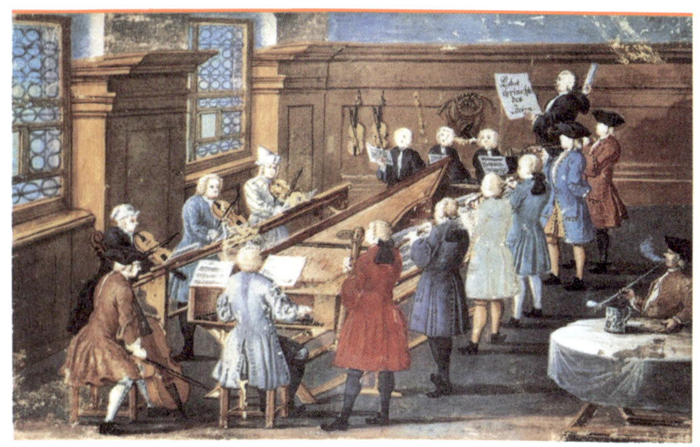

1775년 즈음에 어떤 화가가 그린
콜레기움 무지쿰의 연주 모습.
뉘른베르크에서 발견된 한 기념첩
안에 있는 과슈화다. 이 그림에서
두 가지 사실을 알 수 있다. 18세기
에는 대개 이렇게 서서 연주했고,
각 성부는 단순하게 편성되었다. 그
렇지만 때와 장소에 따라 달랐다.

Die Bach-Söhne by Martin Geck

Copyright © 2003 by Rowohlt Taschenbuch Verlag GmbH, Reinbek bei Hamburg
Korean Translation © 2023 Pungwoldang
All rights reserved.
The Korean language edition is published by arrangement with
Rowohlt Verlag GmbH through MOMO Agency, Seoul.

이 책의 한국어판 저작권은 모모 에이전시를 통해
Rowohlt Verlag GmbH사와의 독점 계약으로 "풍월당"에 있습니다.
저작권법에 의해 한국 내에서 보호를 받는 저작물이므로 무단전재와 무단복제를 금합니다.

Die Bach-Söhne
바흐의 네 아들

마르틴 겍 지음

강해근·나주리 옮김

PUNG WOL DANG

일러두기

1. 인명, 지명 등 외국어 표기는 국립국어원의 외래어표기법을 따랐으나 일부는
   원어 발음에 가깝게 표기했다.
2. 큰 규모의 작품 또는 여러 곡을 하나로 묶은 곡집은 《 》, 그에 속한 개별 곡목
   및 칸타타는 〈 〉, 단행본, 잡지, 신문의 제호는 『 』, 논문, 짧은 글, 그림, 영화는
   「 」로 표기했다.
3. 본문에 숫자로 표시한 것은 저자 주(미주)이고, ✦로 표시한 것은 옮긴이의
   각주이다.

차례

이 가족 초상화의 각 인물을 바흐의 가족 구성원으로 보는 것은 그럴듯하긴 하나, 매우 의심스럽다.
[아벨Abel 가족 초상화라는 설이 유력하다―옮긴이]

두 어머니:
마리아 바르바라와 안나 막달레나

1707년 10월 17일 마리아 바르바라가 아른슈타트 근교 도른하임에서 혼례를 올릴 때 그녀의 나이는 스물셋이었다. 이 신부를 맞이하는 신랑은 그녀의 6개월 연하 재종再從 요한 제바스티안 바흐다. 신부의 아버지 요한 미하엘 바흐는 게렌을 중심으로 활동한 저명한 오르가니스트이자 작곡가였는데 1694년에 세상을 떴고, 어머니는 그 곳 시청 관리 집안에서 태어난 평범한 가정주부였다. 그러나 마리아 바르바라는 일찍 양친을 여의고 두 언니와 함께 아른슈타트 시장인 친척 마르틴 펠트만의 보살핌 아래 자랐다.

그 즈음 아른슈타트에서는 요한 제바스티안이 한창 사람들의 입에 오르내리고 있었다. 아주 젊었는데도 유명한 오르간 감정가로 명성이 높은 데다, 유별나게 당찬 평신도 합창의 반주자로, 그리고 특히 성격이 불같은 열혈 청년으로 소문이 자자하였다. 요한 제바스티안이 언젠가 3년이나 선배인 가이어스바흐를 "염소 파곳티스트"*라고 놀린 적이 있었는데, 어느 날 길거리에서 그가 느닷없이 덤벼들어 서

---

* 이 "너는 염소 소리 내는 파곳티스트야Du, Zippelfagottist"는 바흐가 남긴 유일한 육성肉聲 기록이다. 바흐가 합주를 연습시키다 선배를 이렇게 비난했고, 1705년 8월 4일 둘 사이에 싸움이 벌어졌다. 이 일화는 1904년 부목사 바이스게르버Wilhelm Weißgerber가 세상에 처음 알렸다.

로 간에 주먹질이 오가다 급기야는 바흐가 칼까지 빼어 든 사건이 있었던 것이다.

그리고 당시에 바흐가 아른슈타트의 규칙을 어기고 한 "낯선 처녀"를 "교회의 합창석에 불러 연주하게" 했다는 소문도 떠돌았다.[1] 그러자 주변 사람들은 그 처녀가 바르바라라고 믿고 싶어 하며 소문을 키웠다. 그러나 그것은 어디까지나 추측일 뿐 아무 근거가 없다. 우리가 이 두 사람이 결혼에 이른 과정 가운데 정확히 아는 것은 단지 그 날짜뿐이다.

바흐는 그 사이에 뮐하우젠의 오르가니스트가 되었고, 얼마 지나지 않아 바이마르로 자리를 옮겼다. 그리고 1708년 12월 29일 아내와 함께 첫딸 카타리나 도로테아의 세례식을 맞이했다. 1710년에 장남 빌헬름 프리데만이 태어났고, 1713년에는 쌍둥이가 태어났으나 곧 죽고 말았다. 그리고 1714년과 1715년 초에 카를 필리프 에마누엘과 고트프리트 베른하르트가 태어났다.

1718년에 태어난 레오폴트 아우구스트 역시 일찍 죽었다. 그렇지만 바흐를 더 큰 충격과 비탄에 빠뜨린 것은 아내의 죽음이었다. 1720년 7월 7일 쾨텐에서 아내 마리아 바르바라가 갑자기 죽어 무덤에 묻힌 것이다.* 「고인의 약력」**에 따르면 바흐는 이 때 쾨텐 후작

---

* 첫 부인 마리아 바르바라에 관해서는 세례, 결혼, 매장에 관련된 문서 외에 남은 자료가 없다. 그런 가운데 마하엘 마울Michael Maul이, 1708년 바이마르 궁정 교회의 "부인들 좌석 배치도Weiberstühle"에서 바흐 부인Frau Bachin의 좌석이 회당 오른쪽 제8열 3번 석, 즉 카펠마이스터 드레제 부인 자리의 대각선 뒷자리였다는 기록을 찾았다(Bach-Magazin, 2004-4). Christoph Wolff, *J. S. Bach*, 2013, New York, XX.

의 온천여행을 수행하여 카를스바트에 머물고 있었다. 하늘이 무너지는 그 큰 슬픔 가운데에서도 카펠마이스터 바흐는 사회활동을 멈추지는 않았다. 그는 1721년 9월 후작의 주방 담당자 크리스티안 한의 아들 세례식에 그 아기의 대부로 참석하였다. 대모는 방년 20세의 "이 곳 후작 휘하의 여가수 막달레나 빌케 양"***이었다.[2]

짐작건대 바흐는 이 바이센펠스의 궁정 트럼펫 주자 요한 카스파르 빌케의 딸을 자기가 직접 나서서 쾨텐으로 영입했을 것이다. 그 경위야 어찌 되었든 서른여섯 살의 이 홀아비는 1721년 12월 3일 16세 연하의 처녀와 결혼하고, 이로써 어린 네 자녀들의 새어머니를 맞이한 데다, 한 프로

**　　　** 「고인의 약력Nekrolog」은 바흐 사후에 작성된 추모문이다. 차남 에마누엘이 아버지의 삶 부분을 쓰고, 제자 아그리콜라가 고인의 작품 부분을 정리하고, 미츨러가 짧게 첨언하였다. 1754년 라이프치히에서 발간되던 잡지 『음악도서관Musikalische Bibliothek』에 실렸다. 이 글의 내용상, 그리고 에마누엘이 이를 "약력Laufbahn"이라고 칭함에 따라 '고인의 약력'으로 번역한다.

**　　　** 1721년 여름에 쾨텐에 등장한 이 젊은 소프라노 안나 막달레나 빌케는 평범한 궁정 음악가가 아니고 직급이 높은 캄머무지칸틴이었다. Christoph Wolff, *J. S. Bach*, Frankfurt am Main, 2000, 236쪽.

마리아 바르바라 바흐의 두 아들: 빌헬름 프리데만과 카를 필리프 에마누엘(작자미상, 파스텔화).

성악가 아내를 얻게 되었다.* 그녀는 아마도 유명한 여성 성악가 크리스티아네 파울리네 켈너에게 전문 교육을 받은 것으로 보인다. 이렇게 훈련받은 어엿한 성악가 안나 막달레나에게 이 결혼은 곧 예술 활동의 제한을 뜻하지만 다른 한편으로는 든든한 담보를 확보했다는 의미이기도 하였다.

당시에는 결혼한 궁정 여가수는 대개 이렇다 할 방어수단이 없

---

*   "바흐 부인Frau Bachin" 안나 막달레나 바흐는 1701년 9월 22일 차이츠Zeitz에서 태어났다. 크리스토프 볼프는, 안나 막달레나 바흐의 실무 면에서의 능동적 참여가 없었다면 바흐는 칸토르 직책상의 의무도, 그 밖의 음악 관계 일도 수행하기 어려웠을 것이라고 말한다. Maria Hübner, *Anna Magdalena Bach*, Leipzig, 2004, 7쪽.

는 상태에서 온갖 호기심의 표적이 되기도 하였고, 게다가 언제라도 해직당할 수 있었다. 그래서 이 시대에, 적어도 독일에서는 많은 역량 있는 여가수들이 우연만이 아닌 이러한 현실적인 이유에서 유력한 작곡가들과 결혼하였던 것이다. 유명한 파우스티나 보르도니와 하세 부부가 그 좋은 예다.

그로부터 2년 후(1723) 바흐 가족은 전통의 도시 라이프치히로 이사하였다. 그런데 라이프치히 교회에서는 여성 성악가가 필요하지 않았다. 안나 막달레나는 그러나 남편이 쾨텐이나 바이센펠스로 초청 연주를 갈 때면 자주 함께 갔고, 그 때마다 무대에 올라 예술가로서의 임무를 수행하였을 것이다. 그리고 집에서는 사보 일도 거들었는데, 그녀의 필체는 남편 것과 아주 닮아서 필리프 슈피타 같은 바흐 전문가조차도 때때로 구별해 낼 수 없을 정도였다.

안나 막달레나 필사본 중에서 가장 중요한 것은 1727년과 1731년에 사보한 바이올린 독주곡(소나타와 파르티타)과 첼로 독주곡(모음곡) 악보다. 이 필사보는 판매용이었을 것이다. 그녀는 그 밖에도《평균율 클라비어곡집 I》의 사본,《평균율 클라비어곡집 II》의 런던 자필보, 그리고 빌헬름 프리데만이 착수한 오르간 소나타 사보도 함께하였다. 최근에는 바흐가 서명까지 한 라이프치히 시대의 몇 가지 악보조차 혹시나 안나 막달레나 것이 아닌지 검증해 보자는 시도가 있었다.「바흐 도큐멘트」에 등장하는 '서예적 필체'의 악보들이 군데군데 그녀의 솜씨임을 보여 주고 있다는 것이다. 안나 막달레나는 유쾌하지 못한 '지휘조교 싸움'*으로 온통 뒤숭숭할 때 아내로서뿐만 아니라 사보가로서 실무적으로 남편을 거들었던 것 아닐까?[3]

바흐는 1722년 결혼 직후에 아내를 위해 작은 악곡집 편찬에 착수하였다. 하지만 그 가운데 지금 남아 있는 것은 《프랑스 모음곡》(BWV 812~816)의 원형 조각들과 몇 곡의 소품밖에 없다. 그는 아마도 이 첫 번째 작은 악곡집 편찬을 곧 멈추고 두 번째 것으로 대체하였던 것 같다. 이 두 번째 곡집은 1725년에 시작해서 1740년대까지 이어졌다. 바흐는 이 곡집 첫 페이지의 곡으로 나중에 출판한 《클라비어위붕》의 파르티타 초기 버전을 올리고, 그 다음 곡으로 안나 막달레나가 몇 가지 소품을 실었다. 그 뒤에는 두 아들 카를 필리프 에마누엘과 요한 크리스토프 프리드리히, 그리고 요한 크리스티안이 사보와 작곡 습작을 가지고 등장한다.

《작은 클라비어곡집》**의 후반부는 대부분 바흐의 노래 곡들이고, 이 곡들은 주로 안나 막달레나가 스스로 필요해서 사보한 것들이다. 〈당신은 어찌 우울하신가요 Warum betrübst du dich〉, 〈하나님, 당신의 뜻에 따라 나와 함께하소서 Schaff's mit mir, Gott, nach deiner Wille〉, 〈오, 영혼의 친구여, 당신의 사랑 안에서 쉴 때 얼마나 평온한지 Wie wohl ist

---

*   1736년 토마스합창단의 지휘조교 Präfekt 지명을 놓고 칸토르 바흐와 새로 부임한 젊은 에르네스티 교장이 서로 다른 후보를 추천하며 기싸움을 벌였다. 종교국과 시의회로까지 번진 이 다툼은 해를 넘겨 가며 계속되고, 그 사이 합창단은 매우 어수선하였다.

**   《안나 막달레나 바흐를 위한 작은 클라비어곡집 Klavierbüchlein für Anna Magdalena Bach》에는 〈파르티타 a단조〉(BWV 827)의 프렐류드와 그 밖의 클라비어 곡이 여럿 실려 있다. 쿠프랭의 론도, 슈튈첼의 노래 "그대 내 곁에 있으면 Bist bei mir", 그리고 〈골드베르크 변주곡〉 주제도 여기에 실려 있다.

mir, o Freund der Seele〉, 〈생각해 보라, 나의 정신이여Gedenke doch, mein Geist, zurück〉, 〈오 영원, 천둥 같은 이 말씀O Ewigkeit, du Donnerwort〉 등 교회 노래들이 실려 있다. 그렇지만 〈나는 만족합니다Ich habe genug〉 와 〈잠들어라 지친 눈이여Schlummert ein〉 같은 칸타타 아리아와 레치 타티보도 포함되어 있다. 그리고《셰멜리 노래집》에도 실려 있는 코 랄 〈여호와여, 당신께 노래하렵니다Dir, dir, Jehova, will ich singen〉는 요한 제바스티안의 4성부 버전으로, 그리고 안나 막달레나의 2성부 축약 버전으로 실려 있다. 조반니니의 유명한 아리아 〈그대 마음 내게 주 시겠다면Willst du dein Herz mir schenken〉은 모르긴 해도 분명히 이탈리 아 말을 하는 누군가가 신자고 했을 텐데, 잠시 이 곡집에서 빠졌다가 다시 실리게 되었다. 이 공동작업에서 실로 인상적인 것은 두 세대가 주고받으며 펼치는 활력이다. 여기에는 기악곡과 함께 성악곡이, 세 속적 작품과 함께 종교적 작품이, 유쾌한 작품과 진지한 작품이, 오락 적인 것과 함께 학구적인 것이, 그리고 자신들의 음악 옆에 다른 사람 의 작품도 같이 실려 있다. 이《작은 클라비어곡집》만큼 라이프치히 에서 살아가는 바흐네 가족 모습을 잘 보여 주는 자료는 없다. 이것은 동시에 안나 막달레나에 관해서도 많은 것을 이야기해 준다. 즉 그녀 는 남편의 조력자일 뿐만 아니라 자기 아이들의 음악 선생님이고, 동 시에 성악가이자 쳄발리스트였다.

그렇지만 그녀는 어느 무엇보다도 어머니였다. 그녀가 제일 먼 저 보살펴야 할 대상은 슬하의 자식들이었다.* 남편의 첫 결혼에서 태어난 네 아이가 있고, 자신이 낳은 열세 아이 중 열한 명이 결혼 후 13년 동안에 태어났다. 그러나 그녀의 아이들 가운데 여섯 명만 살아 남아 성인이 되었다. 1750년 7월 28일 바흐가 세상을 뜰 때 어머니 곁에는 1723년에 태어난 지적장애아 고트프리트 하인리히, 열네 살 요한 크리스티안, 열두 살 요한나 카롤리나와 여덟 살의 레기나 수잔나가 있었고, 바흐의 첫 결혼에서 태어난 마흔두 살의 큰딸 카타리나 도로테아가 있었다.

이렇게 마흔아홉에 홀로 된 안나 막달레나는 이 아이들의 양육 의무를 지게 되었다. 그녀는 먼저 라이프치히 시의회에서 재혼을 포기한다고 서약하였다. 그리고 유산 가운데 3분의 1과 어린아이들의 몫을 함께 받았다. 하지만 관례에 따른 '자비의 반년'이 현저하게 깎여 지급되는 바람에 그녀는 곧 '구호대상 부인Almosenfrau' 처지가 되고 말았다.

구호대상 부인―지금의 우리 귀에는 이 단어가 당시 용법상의 의미보다 훨씬 처량하게 들린다. 안나 막달레나는 모든 다른 미망인들처럼 시市 복지기관으로부터 매우 빠듯하게나마 생활보조금을 받았는데, 이는 '미망인 연금과 사회복지 보조금의 혼합' 정도로 보면 된다.[4] 하지만 안나 막달레나 바흐가 직접 받은 유산과《푸가의 기법》 초판이 포함된 남편의 악보 판매로 얻을 수 있는 간접적인 유산의 가치를 모두 셈해 볼 때 그녀는 남편 사후 10년을, 비록 매우 절약했겠지만, 그 당시의 보편적인 생활수준상 어느 정도 품위를 유지하

＊　바흐 부부에게는 자녀도 많았지만 항상 곁 식구가 있었다. 바흐는 첫 부인 바르바라와 결혼하면서부터 그녀의 언니 마르가레타 바흐를 자기 집에 거두었고, 바르바라가 죽은(1720) 후에도 이 처형이 세상을 뜰 때까지(1729) 한 가족으로 보살폈다. Christoph Wolff, *J. S. Bach*, Frankfurt am Main, 2000, 570쪽(연보) 참고.

바흐의 아들들: 1750년도 중간 결산

바흐가 눈을 감을 때 네 아들 가운데 열네 살의 요한 크리스티안만 집에 있었다. 그는 사흘 후의 장례식에도 참석했을 터이고, 아마 그때까지도 형들은 라이프치히에 오지 못했을 것이다. 요한 크리스토프 프리드리히는 궁정 음악가로 근무하던 뷔케부르크에서 일찍 길을 나섰을 텐데, 어떻든 그는 8월 6일 라이프치히 의회에서 아버지가 생전에 유증한 쳄발로를 인수하였다. 빌헬름 프리데만에 관해서는, 그 해 후반에 오르가니스트로 있던 할레의 교회에 휴가원을 내지 않은 채 몇 달간 라이프치히에 머물렀다는 기록이 있다. 그는 그 일로 질책을 받았다. 1750년 11월 그는 공식 유산 분배 회의에서 동생인 프리드리히 대왕 궁정 쳄발리스트였던 카를 필리프 에마누엘을 대신해 참석하였다. 그리고 막냇동생 요한 크리스티안을 베를린의 카를 필리프 에마누엘에게 데려다주었다.

며 견뎌 냈을 것이다.

요한 엘리아스 바흐는 바흐의 당질堂姪로 1737년에서 1742년까지 바흐 집에서 비서 겸 가정교사로 일하였는데, 이 조카가 쓴 편지 초안들을 보면, 안나 막달레나의 몇 가지 취미생활을 알 수 있다. 이 조카는 슈바인푸르트의 어머니에게 "정원 가꾸기가 큰 취미이신 우리 숙모님을 위해 꼭 노란 카네이션으로 몇 그루 보내 줄 것"을 부탁한다.[5] 그리고 바흐와 친한 한 칸토르는 노래하는 새 한 마리를 줄 수 있겠느냐는 문의를 받기도 하였다. 바흐가 사랑하는 아내에게 노래하는 새 이야기를 해줬다는 것이다. "존경하는 귀하께서 기르시는 홍방울새는 신기하게도 조련사의 지시에 따라 노래를 불러 준다는데, 저의 숙모님께서 그런 새를 무척 좋아하시니 혹시 귀하께서 이 노래하는 새를 적절한 값에 파실 의향이 있으신지, 그리고 안전하게 보내 주실 수 있는지 생각해 보시기를 부탁드립니다."[6]* 1741년 9월, 그녀는 일찍이 계획을 세워 두었던 "사랑하는 바이센펠스" 방문을 여태까지 "줄곧 차도가 없는 병약한 상태"여서 취소하여야 했다.[7] 그 한 달 전에는 "귀하신 숙모님의 쇠약함"이 심해져 가족들은 베를린에 체류 중인 아버지를 급히 돌아오게 한 적도 있었다.

우리는 안나 막달레나의 삶에 관하여 자세히 알지 못한다. 1925년 영국에서 출판되어 여러 나라 말로 번역된 『안나 막달레나 바흐의 작은 연대기』가 있는데, 순진한 독자들에게는 이 책이 아내인 안나 막달레나가 직접 "나의 남편"의 삶의 이야기를 사실대로 기록하고 있다고 보일 수 있다. 하지만 실은 이름을 감춘 저자 이스터 메이넬(1878~1955)이 오리지널 재료를 섞어 상상의 그림을 그려 낸 것이다. 이 메이넬의 책을 바탕으로 장-마리 스트로브와 다니엘 위예가 같이 만든 합작영화 「안나 막달레나 바흐의 연대기」는 매우 예술적으로 전개된다. 1967년에 제작된 이 작품은 스토리가 차지하는

---

* 이 편지의 수취인, 즉 홍방울새 주인은 할레 인근 마을의 칸토르 요한 게오르크 힐레였다. 한편, 귀한 노란 카네이션은 슈바인푸르트에서 구하지 못하고 할레에서 공부 중인 엘리아스 바흐의 친지가 보내 주었다. 그것을 받고 안나 막달레나 바흐는 "예수님 앞의 아이처럼" 기뻐했다고 한다. Maria Hübner, *Anna Magdalena Bach*, Leipzig, 2006, 69-72쪽.

1967년 작 영화「안나 막달레나 바흐의 연대기」중의 한 장면.
장-마리 스트로브와 다니엘 위예 감독, 크리스티아네 랑 주연.

몫이 적고, 긴 패시지에서 단지 연주만 나온다는 점에서 장르상 겉보기만 역사영화다. 게다가 두 주역은 우리 시대의 당대연주를 이끌어 온 중요한 음악가 둘이서 맡고 있다. 요한 제바스티안 역은 구스타프 레온하르트가, 쾨텐의 영주 레오폴트 공은 니콜라우스 아르농쿠르가 연기한다.** 그들은 아우구스트 벤칭어와 함께 그 시대의 복장으로, 검증된 현장에서 시대악기로, 그렇지만 그들의 개인적 이해에 근거한 바흐 음악 해석을 보여 준다. 이 영화는 결국 세련된 방식으로 모든 역사적 재구성의 모순을 극명하게 보여 주고 있는 셈이다.

** 그 밖에도 쳄발리스트 밥 판 아스페렌이 바흐네 가정교사 요한 엘리아스 바흐로 등장한다. 이 영화는 최근에 화질을 개선하여 복원하였다.

Wilhelm Friedemann Bach

딱한 천재:
빌헬름 프리데만 바흐

1710년 11월 22일에 태어난 빌헬름 프리데만은 아버지의 귀염둥이였음에 틀림없다. 이런 인상이 드는 것은, 다름 아니라 아버지 바흐가 아들을 가르치려고 만든 교재들이 동생들 것보다는 이 맏이를 위한 것이 더 많이 남아 있어서 그렇다. 실제로 바흐는 1720년 1월 22일 아홉 살 된 맏아들에게 《작은 클라비어곡집》을 만들어 주는데, 기보가 수시로 중단되긴 했지만 이 곡집에 나타나는 일관된 흐름은 가르치기 위해 만든 교재라는 사실을 분명하게 보여 준다. 여기에서는 비단 클라비어 교육만이 아니고 어려운 작곡법도 중요하게 다뤄지고 있다. 제1부 몇 부분에는 기초적인 음악이론에 이어 클라비어를 가르치는 내용이 있다. 그리고 기보법과 운지법, 장식법을 예를 들어 가며 설명한다. 그 다음에는 가사까지도 신중하게 생각해서 고른 〈오직 사랑하는 하나님이 이끄시는 대로 따르고Wer nur den lieben Gott〉와 〈예수, 나의 기쁨Jesu, meine Freude〉 같은 코랄이 간단하게 4성부로 펼쳐져 있다. 그리고 아홉 곡의 작은 프렐류드 BWV 924~932와 당대 작곡가들의 모음곡과 춤곡도 들어 있다. 그렇지만 이 곡집의 중심은 무엇보다도, 비록 다 마무리하지는 못했지만, 빌헬름 프리데만이 필사한 《평균율 클라비어곡집 I》의 초기 버전, 그리고 아직도 '프레암불라Praeambula'라고 불리는 2성부 《인벤션》과 3성부 《신포니아》에 속한 곡들이다. 뒤에 언급한 작품들을 통해 알 수 있는 사실은, 쾨텐 시기의 주요 클라비어곡 연작들은 바흐 자신의 교육활동이라는 실용적 맥락에서 보아야 한다는 것이다. 그리고 다른 방향에서 보면, 바흐가 이 맏아들을 얼마나 집요하게 음악예술로 끌어들이려 했는지 분명하게 알 수 있다.

이 맏아들은 1725년 또는 1726년까지 편찬이 계속된 이 곡집에 자신의 첫 작곡 시도인 두 곡의 알르망드와 프렐루디움 세 곡을 올렸다. 그리고 1724년에서 1726년까지 빌헬름 프리데만은 아버지의 칸타타 파트보를 옮겨 쓰는 사보가였음을 알 수 있다. 열여섯 살이 되자 프리데만은 요한 고틀리프 그라운 밑에서 바이올린 테크닉을 연마하고자 메르세부르크로 갔다. 아마도 그 수련기가 끝나고 돌아온 다음에 드레스덴 여행이 있었을 것이다. 아버지와 아들은 함께 "아름다운 드레스덴의 노래"를 들으러 그 곳 궁정 오페라에 가곤 하였는데, 그때마다 아버지는 늘 그렇게 말했다고 한다.[1] 1727년부터 1733년까지는 빌헬름 프리데만이 오르간 명인이 되기 위한 준비 기간이었을 것이다. 포르켈은 요한 제바스티안 바흐가 《여섯 곡의 오르간 소나타》(BWV 525~530)를 써서 아들 교육에 대비했다고 주장하는데, 이는 전후를 살펴볼 때 타당한 주장이다. 어떻든 이 맏아들은 이미 상당한 발전을 보여 1730년에는 나중에 클라비어 명인으로 유명해진 크리스토프 니헬만의 수업을 넘겨받을 수 있게 되었다.

그러는 사이에 이 맏아들 프리데만이 학문적 공부도 병행해 주기 바라는 아버지의 소망은 이루어지지 않은 채 지나가게 된다. 라이프치히의 직책을 맡아 취임하던 해에 아버지는 열세 살 된 아들이 앞

으로 라이프치히 대학에서 공부할 수 있도록 학교 측에 미리 말해 두
었다. 그렇지만 빌헬름 프리데만은 일단 토마스학교에 외부 거주 학
생으로 입학하였다. 이 토마스학교 건물을 허물 때 바닥 카펫 밑에서
나온 프리데만의 공책들을 보면 그가 라틴어 속담 번역 문제를 풀며
얼마나 재밌어했고, 골치 아파했는지 잘 알 수 있다. 그는 예컨대 "Sui
nihil cum amaricino"를 "암퇘지는 발삼보다 똥을 좋아해"라고 번역
해 놓았다.* 빌헬름 프리데만은 1729년부터 그 곳 대학에서 법학, 철
학, 수학을 공부하기 시작하였다.

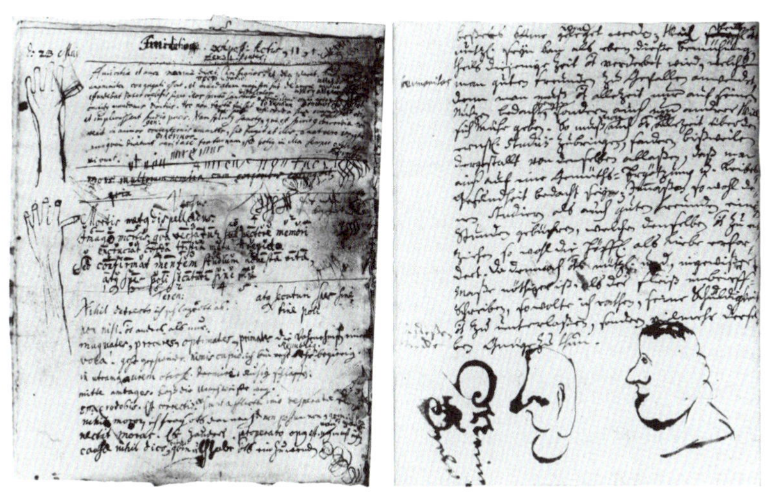

*   이 속담의 원문은 다음과 같다. "Nihil graculo cum fidibus, nihil cum amaricino
    sui(갈까마귀에게 리라가 아무 쓸 데 없듯이, 돼지에게 허브는 소용이 없네)."

1731년 할버슈타트의 오디션은 성과 없이 끝났지만 프리데만 바흐는 2년 후 드레스덴의 소피아교회 오르가니스트를 뽑는 경연에서는 1등을 했다. 이 오디션 때 아버지는 손수 두 통의 편지를 썼는데, 바흐 본인으로서는 한껏 굽혀 공손한 어조로 쓰고, 당연히 아들 이름을 명기하고 서명하였다. 그렇지만 이 맏아들은 다른 누구의 도움 없이 자기 실력만으로 그 자리를 얻을 수 있었을 것이다. "모든 음악가의 심사 코멘트에 따르면" 그가 "최고이고 가장 숙련된 후보"였다.[2] 이러한 성과는 아버지가 그 때에 맞춰서 다시 정성스럽게 필사해 준 힘찬 〈프렐류드와 푸가 G장조〉(BWV 541) 덕이 아니었을까? 아버지는 이 곡을 그 오르가니스트직을 위해 쓴 두 장의 신청서와 똑같은 워터마크 종이*에 정성껏 사보하였던 것이다. 아무튼 아버지와 아들의 관계는 친밀하였다. 최근에 베를린 성악아카데미의 자료와 함께 "망명"의 땅 우크라이나에서 독일로 돌아온 한 필사 악보를 보면, 이 부자父子가 1736년부터 1739년 사이에 함께 작성한 두 가지 대위법 연구에서 엄격한 작법의 문제를 놓고 완전히 동등한 자격으로 대화를 나누는 모습이 보인다.[3]

프리데만 바흐가 드레스덴의 직장에서 받은 급여는 그것만으로는 버티기 어려울 만큼 적었다. 그래서 그는 클라비어 학생을 받고, 궁정의 음악에 관여하고, 그러면서도 나중에 궁정 수학자 타이틀을 받는

---

* 바흐는 악보용 종이를 수시로 다량 주문하였다. 이 종이를 비춰 보면 반투명의 어떤 글자나 표시가 나타난다. 그때그때 다른 이 워터마크는 작곡 연대를 추정하는 근거가 된다.

빌헬름 프리데만 바흐의 〈거룩하도다Heilig〉의 자필보.
이 작품은 할레 시절 초기의 것으로 아직도 아버지의 흔적이 역력하다.
'I. N. J'는 '예수의 이름으로In Nomine Jesu'다.

고틀리프 발츠 밑에서 공부를 계속하였다. 그리고 작품도 펴냈는데, 그 초기 작품 일부가 주목을 끌었다. 쳄발로 협주곡 a단조와 D장조, 두 대의 쳄발로를 위한 협주곡 E플랫장조, 스트링 오케스트라를 위한 신포니아들, 트리오 소나타들과 몇 곡의 쳄발로 소나타들이 그것이다. 그 가운데 쳄발로 소나타 D장조는 1745년에 출판까지 되었으나 판매 실적이 낮아서 재판을 찍지는 못하였다.

그 사이에 프리데만 바흐는 드레스덴의 성모교회에 지원하지만 그 자리를 얻는 데에는 실패하였다. 그런데 1746년 초에 그보다 한 단계 위인 할레의 성마리아교회로부터 부름을 받아 높은 자리로 발돋움

하는 행운을 맞았다. 32년 전 바이마르에서 일하던 아버지 요한 제바스티안이 초빙 받았던 바로 그 자리다. 당시에 아버지는 교회 원로들이 불만을 표하는 바람에 취임하지는 못했었다. 아들 프리데만은 이제 탁월한 오르간 연주가로 인정받아 어느 자리든 오디션 없이 임명해도 괜찮다는 세평을 얻을 정도가 된 것이다. 그런데 할레에서 그를 기다리고 있는 교회 업무는 중부 독일의 오르가니스트에게 부여되는 통상적인 업무 그 이상의 것이었다. 그 지역 오르가니스트들은 일요일과 축일에는 물론이고, 작은 예배와 결혼식에도 대★오르간을 연주하여야 했다. 그리고 할레에서는 전통적으로 칸토르직보다 오르가니스트직이 훨씬 강력하여 프리데만 바흐는 '음악감독'으로서 성악과 기악의 대편성 교회음악에도 상당 부분 관여하며, 책임을 져야 하였다.

라이프치히에서 아버지가 했듯이 프리데만 바흐는 프랑케(1663~1727)의 경건주의로 기울어 있는 할레의 규정에 따라 교회 당국에 각서를 제출하였다. 이 업무계약서에는 신도들의 노래를 "천천히 특이한 장식 없이" 반주하고 자의적인 레지스터 선택이나 특이한 저음도 삼가야 한다고 명시되어 있었다. 아버지는 혹시 이 문서를 살펴보고 속으로 웃음을 참으며 지난날을 회상하지 않았을까? 아버지도 똑같은 문투의 계약서에 서명하였고, 1706년 젊은 오르가니스트로 아른슈타트에서 근무할 때 "이상한 변주들"과 "온갖 생소한 음들"로 신도들을 "헷갈리게 한" 적이 있었다.[4]

바야흐로 프리데만 바흐에게 힘든 시절이 시작되었다. 오르가니스트인 그는 소맷자락을 휘날리며 동분서주하는데, 성악 연주 쪽은 한껏 여유를 부려도 되었다. 아직은 연주할 악보가 인쇄되어 있는 경우가 드문 때여서 그는 수많은 곡들을 연습하고 작곡까지 하며 때로는 악보들을 연주할 수 있게 사보하고 정리하는 일까지 다 해야 하였다.

1746년 첫 강림절에 연주된 취임 기념 음악 〈나를 사랑하는 자 Wer mich liebet〉는 전적으로 아버지의 작품을 모범으로 삼아 작곡한 그의 대표적 칸타타로, 화려한 도입합창과 오르간이 함께하는 기교적인 베이스 아리아가 특히 눈에 띈다. 지금 남아 있는 대략 24곡의 칸타타, 합창곡, 그리고 짧은 미사곡들은 모두 이 할레 시절의 작품일 것이다. 이 곳 할레에서 그는 이러한 곡들과 함께 당연히 다른 작곡가들의 작품도 연주하였다. 아버지의 작품도 12곡 정도 연주하였는데, 때때로 그 가사와 음악을 약간씩 고쳤다.[5] 아버지 요한 제바스티안 바흐 역시 라이프치히에서 가끔 이 아들의 칸타타를 연주하곤 하였다. 예를 들어 1749년 11월 30일에 아버지는 아들의 대림절 칸타타를 연주하였다. 이는 아버지로서 이 맏아들을, 비록 이미 고틀로프 하러가 내정되어 있었지만, 그래도 어떻게든 자기 후임자 후보 그룹에 넣어 보려는 의도였을 것이다.

프리데만 바흐는 명연주가로서 종종 라이프치히 무대에 오르곤 하였다. 토마스학교 학생이었던 요한 프리드리히 빌헬름 존넨칼프는 1750년대에 "할레의 바흐 선생이 비단 사적인 콘서트만이 아니라 여러 차례 대규모 공공연주에서, 예컨대 라이프치히의 '세 마리 백조'*

---

* '세 마리 백조Zu den drei Schwanen'는 브륄 지역의 호텔로 1743년에서 1778년까지 라이프치히에서 가장 중요한 연주홀로 쓰였다.

같은 콘서트에서 많은 학구적 음악가들이 모인 가운데 엄청난 박수 갈채를 받으며 연주하는 것을 들었다"라고 보고하고 있다.[6]

프리데만 바흐와 할레의 교회 관계자들 사이에 일어난 불화는 그의 음악의 질 때문이 아니었다. 그 갈등은 그가 교회의 헌금을 횡령한 칸토르에게 책임을 물으며 싸우다가 빚어졌고, 그가 허가 없이 여행을 떠났다거나, 함부로 팀파니를 빌려주었다는 등 사소한 이유로 일어난 것이다. 천재의 시대에 깊이 영향을 받은 후세대가 "몇몇 음악 영웅의 전설"[7]에 집착하면서 그런 이상한 사건들을 골라내어 거창하게 부풀려 프리데만 바흐를 한 천재적 주정뱅이 내지 괴짜로 만들려고 하였다. 하지만 그는 적어도 할레에서만큼은 전반적으로 정갈한 몸가짐을 보였을 것이다. 1751년에 그는 당시 스물한 살인 부유한 세금 징수관의 딸 도로테아 엘리자베트 게오르기와 결혼하고 세 아이를 낳았다. 그러나 그 가운데 막내딸 프리데리카 소피아만 무사히 자라 성인이 되었다. 여기에서 특히 눈에 띄는 사실은 이 아이들이 세례를 받을 때 대부는 항상 귀족이나 지위가 높은 인물들이었다는 것이다. 이를 보면 프리데만 바흐가 상류사회에 속하고 싶어 했고, 의외지만 그의 바람대로 그 사회에서 인정을 받고 있었다는 인상을 받는다.

프리데만 바흐는 가까운 친구들이 할레에 있고 제자들도 많았지만 왠지 그 곳을 떠나고 싶어 하였다. 그러던 중인 1753년에 그는 비록 동생 에마누엘과 매제인 알트니콜처럼 실패하긴 했으나, 그저 평범한 자리에 불과한 치타우의 오르가니스트직에 지원하였다. 그리고 1758년과 1759년에는 프랑크푸르트 암 마인의 카펠마이스터에도 관심을 보였다. 그러다가 몇 년 뒤에 다름슈타트 궁정의 카펠마이스터 신규채용에서 제1순위의 후보에 올랐다. 그런데 임명된 것으로 발표까지 되었으나 어이없게도 속이 빤히 들여다보이는 이유로 거부되는 바람에 그는 결국 다름슈타트로 부임하지 못하였다. 그리고 1764년에 그는 앞으로의 직장에 대한 아무 대책도 없이 느닷없이 면직을 요구하며 활동을 중단해 버렸다. 그러고는 할레의 교회 운영위원회로부터 또다시 거친 질책을 받았다.

교회의 통상적 업무인 악기관리실의 정기 악기 현황조사에서 바이올린 활 하나, 플루트 하나, 코넷 하나, 트롬본 하나와 현악기 스트링 몇 개가 없어지고 트럼펫은 하나 많은 것으로 드러나자 또 한 번 언쟁이 벌어졌다. 이런 다툼은 유난히 소심한 교회 당국자와 지나치게 예민한 한 예술가의 불행한 만남의 결과라 할 수 있겠는데, 다만 이 만남이 당시로서는 말썽스럽고도 일회성이 아닌 잦은 업무 단절로까지 이어졌던 것이다. 오늘의 시각으로 보자면, 프리데만 바흐가 자신에게 주어진 일을 좀 진지하게 수행해 보려고 나서자 그 업무가 그에게 새삼 버거운 것으로 다가왔던 모양이다. 이제 그는 그러한 부담으로부터 벗어나긴 하였다. 하지만 그것은 다만 분노와 절망과 지겨움에서 내려 버린 결정이었고, 그 결정이 불러온 결과로부터 그는 더 이상 구제받지 못하였다.

그가 확고하게 규정되어 있는 고용조건에 대하여 대놓고 반발했다고 해서 그것을 그 개인의 유약함 탓으로만 볼 수 있을까? 그의 아버지를 한번 생각해 보자. 아버지는 직장에 대해 만족한다는 면에서 결코 모범을 보여 주지 못하였고, 생애 마지막 몇 년은 전적으로 "스

빌헬름 프리데만 바흐.
게오르크 프리드리히 바이슈(추정)의 유화, 1760년경.
유년 시절부터 친구였던 야코프 폰 슈텔린은 훗날 회상하기를, 그는 아주 일찍부터 "상당히 멋쟁이였고,
잘 꾸미고, 뽐내며 다녔다"고 한다.

스로 정한 준準 퇴임 상태"로 지냈다.[8] 이런 태만과 연관되어 다섯 살 아래의 동생 요한 고트프리트 베른하르트의 모습도 지평선 위로 떠오른다. 그 동생의 운명 역시 불행하여 아버지가 주선해 준 오르가니스트직을 견뎌 내지 못했고, 끝내 빚을 지고 일찍 죽었다. 요한 제바스티안 바흐는 그 아들을 "유감스럽게도 실패작"[9]으로 보았다. 맏아들은 같은 말을 듣고 싶지 않았다. 그는 직책이 주는 명예와 부담을 스스로 던져 버리기 전에 차라리 아버지가 죽기를 기다리게 되었다.

프리데만 바흐는 자신의 두 후임자가 연이어 취임하자마자 죽자 1768년에 다시 한번 그 자리에 지원하였다. 그러나 이에 실패하자 이번에는 브라운슈바이크로 이사하여 그 곳 오르가니스트 자리 오디션에 응해 볼 생각으로 1770년에 일단 부인 소유의 땅을 팔았다. 1771년, 브라운슈바이크에 모인 네 명의 후보자들은 각자 코랄 한 곡을 장식을 절제하여 연주하고, 그것을 조옮김해서 전주곡 형식으로 연주하고, 타인과 자신의 작품 한 곡을 임의로 택해서 연주하고, 마지막으로 푸가를 쓰는 테스트를 받았다. 프리데만 바흐는 거뜬히 합격하였는데, 어차피 후보자 가운데 코랄을 조옮김 할 수 있는 사람은 프리데만 바흐 한 사람밖에 없었다. 그러나 최종 결과는 어언 60세에 이른 프리데만 바흐가 아니라 한 초보자가 선택되고 말았다. 이제 그에게 남은 것은 오직 그를 알아주는 전문가의 평가, 그리고 간간이 들어오는 연주 요청이나 개인 레슨을 통한 알량한 수입밖에 없었다.

1773년 빌헬름 프리데만은 괴팅엔을 방문하여 아버지 바흐의 전기를 집필 중인 요한 니콜라우스 포르켈에게 자문을 해주고, 그에게 아버지의 〈반음계적 환상곡〉의 필사보를 건네며 대학교회 오르간으로 그 곡을 연주해 주었다. 그리고 마침 그 때 괴팅엔에 와 있던 음악출판사 발행인이자 음악미학자인 카를 프리드리히 크라머를 만나 방명록에 BACH[Bb-A-C-B] 푸가의 첫 부분을 기보해 주었다. 그 이듬해에 그는 베를린에서 연주회를 열어 다시 찬사와 함께 주목을 받았는데, 그 가운데 여섯 번의 콘서트는 베를린 신문에 기사화되기도 하였다.[10]

1774년 5월 15일에 있었던 두 번의 연주회(오전에는 니콜라이교회, 오후에는 마리아교회)와 관련하여 현지 신문『베를린 소식 Berlinische Nachricht』은 다음과 같은 기사를 실었다. "우리의 감정을 사로잡는 그 모든 것, 신선한 아이디어, 과감한 전조, 불협화적인 그러나 결국에는 그라운식 화성으로 매듭짓는 악절들, 강력한 힘, 섬세함, 요약하자면 이 모든 것이 대가의 손 안에서 하나가 되고, 기쁨과 아픔이 섬세한 청중의 영혼에 전해진다."[11]

빌헬름 프리데만 바흐는 짐작하건대 프리드리히 대왕(1740~1786 재위) 앞에서도 연주하였을 것이다. 어떻든, 프로이센 주재 오스트리아 대사 고트프리트 반 슈비텐*은 1774년 7월 26일 대왕과 나눈 담소 내용을 기록해 놓았다. "전하께서는 나와 주로 음악 이야기를 하

---

* 반 슈비텐 남작(1733-1803)은 네덜란드계 오스트리아 외교관이다. 열정적인 음악 애호가로 하이든, 모차르트, 베토벤을 후원했다. 프로이센에 주재하는 동안 (1770-1777) 바흐와 헨델 음악에 심취하여 그 음악을 당시의 음악계에 알리는 데 앞장섰다. 포르켈은 그에게『바흐 전기』를, 베토벤은 〈교향곡 제1번〉을 헌정했다.

시며 그 때 마침 베를린에 있던 바흐라는 이름의 한 오르가니스트를 언급하셨다. 이 사람은 내가 지금까지 들었거나 상상한 것 그 이상의 천부적 재능과 화성에 대한 지식, 그리고 연주 역량을 갖춘 예술가다. 그렇지만 그의 아버지를 아는 사람이라면 그의 예술적 역량과 아버지의 경지를 같은 것으로 평가하지 않을 터인데, 전하께서도 같은 의견이셨다. 전하께서는 그 증거로 노^老 바흐에게 제시해 주었던 자신의 반음계적 푸가 주제, 즉《음악의 헌정》주제를 노래해 보이셨다."[12]

빌헬름 프리데만 바흐의 1774년 6월 10일 오르간 연주회를 보고 『슈페너 일보』는 경의를 표하는 시를 실었다. 표현이 매우 은유적인데, 그 요지는 음악을 들은 후의 감동의 표현이다. 오늘날의 신문은 이런 기사에 지면을 할애할 수 없을 것이다.

오르간
빌헬름 프리데만 바흐에게 바친다
감성과 청각의 축복을 받은 자
오 바흐, 그대의 소리에 젖는다
저 아래 지상의 헛됨을 보라
명예를 보라, 먼지 속에 흩어진다
그대의 음악의 날개에 실려 멀리 전해지고
대양은 그 아래에서 출렁인다
한 방울, ―그리고 태양의 마차도
한 줄기 불꽃으로 여기네[13]

그와 동시대인인 크리스티안 프리드리히 다니엘 슈바르트가 그를 일컬어 "이 세상에서 가장 위대한 오르가니스트"라고 평했으니 프리데만 바흐는 틀림없이 남녀 제자들도 많이 거느리고 있었을 것이다.[14] 예를 들어 멘델스존의 외종조모인 사라 이치히-레비*도 그의 제자였다. 그렇지만 그는 점차 가르치는 일상을 더 이상 잘 이끌어가지 못하였다. 게다가 1779년에는 베를린의 마리아교회 오르가니스트직을 얻으려 했지만 실패하고 말았다. 베를린 시 당국자는 프리드리히 빌헬름 왕세자(1786~1797 재위)에게 보낸 한 해명성 편지에서 이 바흐의 아들을 가리켜 그의 예술적 능력만큼은 논란의 여지가 없어 그 면에서 기대를 했으나 "지나치게 높은 보수, 바람직하지 못한 처신, 그리고 드레스덴과 할레에서 맡고 있던 오르가니스트직을 지켜내지 못할 정도로 드러난 고집과 직책 수행력"을 알게 된 다음 마음이 바뀌었다고 설명하였다.[15]

그런데 왕세자가 강경하게 프리데만 바흐의 편을 들자 그 주변에서는 어쩔 수 없이 그에 따라 구체적인 입장을 표명하게 되었다. 그리고 한때 베를린 궁정 인사들은 '바흐'라는 이름을 지나치게 편애하였다. 이에는 프리드리히 대왕의 누이 안나 아말리아 공주가 한몫을 했다. 그녀는 훌륭한 쳄발리스트이자 오르가니스트이면서, 특히 엄격한 작곡법의 옹호자였다. 1758년 공주는 아버지 바흐의 제자이자

---

* 사라 이치히-레비(1761-1854)는 멘델스존의 외할머니의 여동생이다. 그녀가 자택에서 열었던 살롱은 당시 베를린 문예계의 중심이었다. 그녀는 특히 바흐 음악에 애정이 깊었다. 멘델스존의 스승으로 프리드리히 첼터를 추천한 사람도 이 외종조모다.

대위법 전문가인 요한 필리프 키른베르거를 교사 겸 조언자로 채용하였다. 그렇다면 프리데만 바흐 역시 베를린으로 이사 온 후에 어떤 식으로든 공주가 베푸는 호의를 누렸음이 분명하다. 키른베르거에 따르면 공주는 그에게 "은으로 만든 커피 주전자와 우유 주전자, 그리고 은제 설탕통도 하사하였고, 얼마 후에는 매번 30탈러씩 용돈을 주었다."[16] 그 보답이었는지 프리데만 바흐는 공주에게 클라비어 푸가를 여덟 곡이나 헌정하였다.

그런데 한편 키른베르거가 1779년에 쓴 다른 내용의 기록도 있다. 시간이 지나면서 프리데만 바흐는 공주의 총애를 잃었는데, 그가 키른베르거를 헐뜯으며 그 조언자 자리를 빼앗으려다 그렇게 되었다는 것이다. "결과적으로 그는 아주 가련한 처지가 되었고, 이제는 작곡도 레슨도 할 생각을 안 한다. 함부르크의 동생조차도 그의 근황을 아예 알고 싶어 하지 않는다. 동생은 여전히 그를 도와주고 싶어 하지만 그 도움이 그에게 아무런 의미가 없기 때문이다."[17] 다만 이상한 것은 1779년 바로 그 해에 왕세자가 베를린의 바흐를 위해 최선을 다했다는 것이다. 여기에는 이렇게 몇 가지 의문이 풀리지 않은 채 남아 있다.

확실한 직책이 없던 그 시절에 프리데만 바흐는 다시 작품 몇 곡을 출판하려고 애를 써보았다. 그러나 안나 아말리아 공주에게 헌정한 클라비어 푸가도, 미리 광고를 한 12곡의 폴로네즈곡집이나 쳄발로 협주곡 c단조도 펴내지 못하였다. 「화성적 3화음에 대한 연구」도 두 번씩 광고를 했으나 끝내 시중에 나오지 못하였다. 폴로네즈곡집과 여덟 곡의 푸가곡집은 출판되지는 못했지만 19세기 초까지 필사본으로 널리 퍼져 있었다. 그런데 말년에 기획한 오페라 프로젝트 《라수스와 리디에Lasus und Lydie》는 흔적이 거의 남아 있지 않다. 그렇게 지내던 중 말년 즈음에 그는, 미식을 즐기느라 휴양지에 살고 있는 울리히 게오르크 폰 베르 남작에게 100두카트를 받고 클라비어 환상곡 두 곡을 작곡해 보냈다. 그는 그 곡들 안에 전에 쓴 작품 일부를 감쪽같이 끼워 넣었다.

이 바흐의 맏아들은 생애 마지막 몇 해 동안에 기이한 모습까지는 아니지만 어떻든 딱한 신세가 되고 말았다. 그렇지만 그는 아버지로부터 유산으로 받은 악보 원본을 파는 일에서, 옛 문헌들이 한결같이 그의 책임이라고 뒤집어씌우는 식으로 말하지만, 그렇게 무책임하게는 행동하지 않았다. 그가 늘 돈 걱정에 시달린 것은 사실이고, 그래서 오히려 그것들을 조건에 맞는 경우에 한해서만 멀리 내다보며 전략적으로 팔았다. 따라서 현대의 바흐 연구는, 비록 그 대부분이 유실되긴 했으나, 프리데만 바흐가 물려받은 유물이 어떻게 되었는지 복잡하게 뒤얽힌 행방을 밝혀 재구성해 내는 데 노력과 지혜를 모아야 할 것이다.

프리데만 바흐가 비발디 작품에 의거한 아버지의 오르간 협주곡 BWV 596 표지에 자기 이름을 써넣은 것도 그렇고, 자기 성악 작품 중 일부를 나중에 아버지의 작품인 것처럼 내보낸 일들은 그가 곤경에 처해 저지른 부정직한 행위로 해석된다. 하지만 그렇다 해도 우리가 꼭 알아야 할 것이 있다. 즉, 아버지와 아들들 사이에, 또 큰 형제들 사이에서는 갖가지 공동작업이 이루어졌고 매우 의도적으로 이름을 서로 바꿔 쓰기도 했다는 사실이다. 프리데만 바흐가 참으로 순진

노년의 빌헬름 프리데만. 베를린 시절, 동시대인의 붉은 파스텔화.

해 보이는 그 '위조'를 통해서 과연 이득을 얻으려 했는지, 그러했다면 어떤 방법으로 했는지 어느 것도 확실치 않으니 우리는 이 예술가의 말년의 행적이 온통 희미한 어둠 속에 잠겨 있듯이 이 모든 사안들 역시 차라리 그 어둠 속에 놓아두고자 한다.

1784년 7월 1일, 빌헬름 프리데만 바흐는 베를린에서 폐질환으로 세상을 떴다. 크라머의 『음악 잡지』는 사망 기사에서 "독일은 그의 죽음으로 독일 제1의 오르가니스트를 잃었고, 전 세계 음악계는 누구로도 대신할 수 없는 한 사람을 잃고 말았다"고 기록하고 있다. 그 이듬해 베를린에서 헨델의 《메시아》가 연주되었을 때 관계자들은 그 이익금을 프리데만 바흐의 가난한 유족에게 전달하였다. 그의 유족 가운데 딸 프리데리카 소피아만 새로운 세기를 맞이하였다.

음악가들 가운데는 그들의 삶이 평탄치는 않았지만 일생을 흠 잡을 데 없이 보낸 음악가가 많이 있다. 우리는 어떤 의미에서 아버지 바흐를 그런 음악가들 가운데 하나로 꼽을 수 있을 것이다. 어떻든 간에 헨델, 모차르트, 베토벤, 슈만, 바그너 역시 그렇다. 그러고 보면 거의 모든 '위대한 사람들'이 이 유형에 속한다. 이 위대한 음악가들에게는 그들의 작품이 그들의 삶을 찬란히 빛내 주는 행운이 주어졌고, 특별하게 빌헬름 프리데만에게는 다만 역사로부터 나중에 태어난 자의 운명을 보여 주는 역할이 부여되었던 것이다. 천재성과 데카당스의 혼합으로서 그의 역할은 1858년에 나온 알베르트 에밀 브라흐포겔의 유명한 소설『프리데만 바흐』가 적나라하게 보여 준다. 당시에 비극『나르치스』로 이미 유명해진 저자는 이 소설에서 온갖 공상적인 요소를 섞어 넣긴 했지만 그의 삶을 예술적으로 꽤 매력 있게 묘사하는데, 주인공 프리데만은 마침내 집시 무리 안에 섞여 자리 잡고 나서야 안도의 숨을 내쉰다. 그런데 상징적인 그 장면이 강력한 힘을 발한다. 이 저자는, 주인공의 좌절이 예로부터 독일이 지녀 왔던 확고한 프로테스탄트 신앙의 결여와 아버지의 규율 해이에 기인한다고 보는 것이다.* 그 밖에도 작가 브라흐포겔은 그 소설 주인공의 작품이라고 소개한 곡 '작은 줄기는 땅에서 자라지 못하네 Kein Hälmlein wächst auf Erden'에 대해서도 책임을 져야 한다. 이 노래는 에밀 바흐 것이다.

* 브라흐포겔(1824-1878)의 이 소설은 세기를 넘기면서 널리 읽혀 후대의 프리데만 바흐 상像에 큰 영향을 주었다.

그 다음 작품에서, 즉 1964년에 출간된 소설 『프리데만』에서 작가 한스 프랑크는 역사적으로 믿을 만한 빌헬름 프리데만 바흐 상을 그려 내려고 노력하면서 그 사이에 나타난 전기적 자료들을 적극 활용하였다.* 그렇지만 이 작품의 결말에는 적지 않은 문제가 있다. 1931년 빌헬름 프리데만에게 바친 파울 그레너의 오페라와 그 10년 후에 나온 구스타프 그륀트겐스 주연의 영화 역시 결과는 비슷하다.

1941년의 영화 「프리데만 바흐」의 주연 구스타프 그륀트겐스.

---

* 한스 프랑크는 자신의 소설 『프리데만』의 후기에서, 브라흐포겔의 소설 『프리데만 바흐』가 여전히 널리 읽히는 것을 보고 "Mundus vult schundus 세상은 속된 것을 좋아한다"라는 말까지 내세우며 격렬하게 비판한다. Hans Frank, *Friedemann*, Berlin, 1966, 527쪽.

그 영화에서 주인공은 집시들에게 아버지의 작품인 파르티타를 바이올린으로 연주해 준다. 그런데 그가 상수시 궁 창문에 코를 들이밀었을 때 그는 집시들이 파헬벨의 카논과 지그를 연주하는 것을 듣게 된다! 그리고 그는 끝내 스스로 집시가 된다. "이제 더는 받아들이고 싶지 않다. 나는 빌헬름 프리데만 바흐이고 싶다. 그것밖에 없다. 모든 게 끝났다."[18] 전쟁이 끝나기 직전인 1944년, 이 주제는 다시 한번 영화화 되었다. 이번에는 볼프강 리베나이너가 주역을 맡았다.

우리가 갖고 있는 기초 자료들은 그것으로 이 맏아들의 진면모를 편견 없이 그려 내기에는 부족하고 별로 적합하지도 않다. 그 자료들은 그의 문제적 성격을 암시하기는 하지만, 그렇다고 거기에 빌헬름 프리데만 바흐가 생전에 불행했을 것이라고 쓰여 있지도 않다. 확실한 것은 그가 오르간의 대가이자 즉흥연주가로서 즐겨 무대에 섰고, 자신의 음악으로 행복한 시간을 보냈으며, 짐작건대 친지들 모임에서 언제나 활기찼고, 아마도 자신의 천재성에 대한 자각이 일상에서의 실패 따위는 무시하고 넘어가게 했을 것이다. 이러한 그의 삶을 평가하는 일은 작곡가로서 그의 창작 활동에 대한 평가 못지않게 어렵다. 프리데만 바흐는 아버지의 악보 원본은 물론이고 자신의 것도 모아 두지 못하였고, 따라서 그의 작곡 예술은 비교적 적은 수의 작품과 연작들에 의지해 평가될 수밖에 없다.

오르간 연주가로서 프리데만 바흐의 명성은 아무도 뛰어넘을 수 없었지만, 동시대의 슈바르트는 "그의 오르간 음악 작품들은 황금보다 더 값지고 더 귀하다"[19]며 그가 작곡가로서 정당하게 평가받지 못하는 것을 못내 안타까워하였다. 현존하는 그의 오르간 작품들 가운데 확실하게 진품으로 인정받은 것은 겨우 전통주의자 느낌을 주는 코랄전주곡 일곱 곡뿐이다. 클라비어 작품 경우는 사정이 훨씬 낫다. 특히 안나 아말리아 공주에게 헌정한 여덟 곡의 푸가는 아버지의 푸가 예술을 이어받았고, 전해 오는 환상곡 열 곡은 독창성 면에서 주목을 끈다. 이 곡들은 어떤 것도 서로 비슷하지 않고 곡마다 다 다르다. 이 모든 곡이 온통 '속임수'로 가득 차 있다. 그는 듣는이를 깜짝 놀라게 하는 변화를 뜻하는 이 수법을 즐겨 쓰면서 아주 좁은 공간 안에서 음악의 성격을 완전히 뒤집지만 그러한 음악을 수긍하게끔 만드는 작업에서 묘한 기쁨을 느낀 것 같다. 그 밖에도「순수한 작곡법 Reine komposition」몇 장章이 있는데, 이것들은 19세기를 앞서 가리키고 있다.[20] 포르켈은 다음과 같이 말한다. "유감스럽게도 그는 종이 위에 기록하기보다 즉흥연주를 더 좋아하여 음악의 아름다움을 상상력 속에서만 탐구하였다."[21]

그의 폴로네즈 12곡은 마치 환상곡처럼 개인적 성향을 드러내는데, 그래서 명백한 춤곡이라기보다 감정과다적 내지 낭만주의적 느낌을 주는 성격소품들이다. 동생 에마누엘은 그 가운데 E장조 폴로네즈의 첫 부분을 형이 타계한 2년 후인 1786년에 작곡한 자신의 클라비어 환상곡 B플랫장조에 인용하였다. 이 음악을 장송곡으로 본다면,[22] 두 형제의 말년의 관계가 키른베르거의 말처럼 그렇게 나쁜 사이는 아니었을지도 모른다. 아니면 에마누엘이 자기 형제들의 만형에게 사후에나마 존경을 표하는 것이 자기 도리라고 생각했을 수도 있겠다.

남아 있는 클라비어 소나타 총 13곡에는 분명히 그의 작품임을 알려 주는 특징이 몇 가지 있고, 모두가 화려하다. 그리고 클라비어 프리드리히 대왕의 플루트 선생 크반츠는 빌헬름 프리데만 바흐에 앞서 여섯 곡의 플루트 이중주를 펴내는데, 두 개 성부에 제3의 성부를 임의로 추가할 수 없다는 자신감에 찬 메모를 덧붙인다. 그 언급에 자극을 받은 키른베르거는 크반츠도 참석한 한 예배에서 그 이중주 가운데 한 곡을 2단 건반 오르간으로 연주하면서 페달로 제3의 성부를 즉흥으로 연주하였다. 그리고 긴 음악이론 논쟁이 뒤따랐다. 그 논쟁 중에 키른베르거는 그 장르에서 실제로 완벽한 2성부 작곡을 실현시킨 유일한 동시대 작곡가로 빌헬름 프리데만 바흐를 내세웠다.

협주곡 여섯 곡 중 일부는 독주 파트와 관현악 작법 면에서 그 시대 작품 가운데 가장 어려운 협주곡이라 할 수 있다. 그의 교향곡은 모두 여덟 곡이 남아 있는데, 그 가운데 두 악장짜리 d단조 교향곡이 특별히 독창적인 작품으로 두드러져 보인다. 그리고 그 자체로 일품인 플루트 이중주 여섯 곡은 요한 제바스티안 바흐의 2성부 인벤션의 단호한 선적 성격을 감정적인 음악으로 전환시킨 작품이다. 이 곡들은 텔레만과 프리드리히 쿨라우 사이에 작곡된 이 분야의 곡들 가운데 최고의 작품이다.

　본래 종교음악 분야에 훨씬 더 많은 작품들이 있었지만, 우리에게 전해 오는 것은 대략 20곡의 교회 칸타타와 몇 개의 미사 악장 정도이고, 이 작품들은 대부분 전통에서 벗어나지 못하고 있다. 빌헬름 프리데만 바흐는 칸타타를 작곡할 때면 늘 이미 가치가 입증된 리브레토를 선호하면서 작곡법 역시 옛 방식을 택하였다. 예컨대 그가 평소에 작품을 쓸 때 구체적인 면에서 모범으로 삼은 텔레만의 칸타타 작법을 따랐다.[23] 그는 교회음악이라 해서 갈랑적 서법을 완전히 배제하지는 않았다. 그렇지만 도입합창이나 대위법적 서법으로 쓴 여러 부분에서는 거의 지나치다 싶을 만큼 아버지 바흐의 흔적이 드러난다. 그처럼 아들 프리데만은 아버지의 그늘로부터 완전히 벗어난 적이 없었다. 아버지 바흐는 너무도 집요하게 이 큰아들로부터 눈을 떼지 않았다. 살아 있을 때나 초자아적 의미에서 죽은 이후에도 그러하였다.

알려지지 않은 아버지 바흐의 작품들이 아직도 우리 앞에 있는가? 헤르만 헤세가 소설 『유리알 유희』에서 그려 낸 미래상의 한 부분이 오늘날 벌써 그 윤곽을 드러낸다. "학자들의 문화적 양심은 음악사에 대한 탐구와 교수법으로 도피했는데, 이유는 음악사라는 학문이 당시 절정에 달해 있었고 유명해진 두 학교가 당시 잡문 세계 한가운데에서 모범적으로 깨끗하고 양심적인 연구 방법을 육성하고 있었기 때문이다. 그리고 운명이 이 작고 용감한 정예 부대의 노력에 위로에 찬 격려를 보내기라도 한 듯 우울한 이 시대 한가운데에, 그것 자체는 우연한 일이었지만, 신의 보증 같은 위력을 발휘하며 반가운 기적이 일어났다. 요한 제바스티안 바흐의 원고 열한 편이 그의 아들 프리데만 바흐의 소유물에서 발견되었던 것이다."[24]*

<hr>

*   헤르만 헤세, 『유리알 유희』, 이영임 옮김, 민음사, 2011, 31-32쪽에서 전재.

빌헬름 프리데만 바흐의 생애는 군데군데 하얗게 비어 있는 지도 같다. 이 점에서는 아버지 경우와 다르지 않다. 아버지의 생애에도 알려지지 않은 부분이 너무 많아 그가 세상을 향해 자신의 삶을 일부러 감춘 것은 아니지만 적당한 선에서 평탄한 삶으로, 또는 성공적인 것으로 띄워 보려 했다는 인상을 준다. 그래서인지 요한 마테존의 저명 음악가 인명사전인 『개선문의 초석Grundlage einer Ehrenpforte』에 요한 제바스티안 바흐의 전기적 기록은 빠져 있다.＊ 그는 여러 차례 요청을 받고서도 그것을 작성하지 않고, 끝내 자료를 보내지 않았던 것이다.

아버지와 맏아들 사이의 닮은 점은 한두 가지가 아니다. 아버지 바흐의 경우, 많은 작품군의 작품 연대가 오늘날까지도 깜깜하고 전체 전승 작품에도 놀랄 만큼 빈 곳이 많다는 사실은 다만 오랜 세월이 지났다는 이유만으로는 아무래도 설명이 되지 않는다. 똑같은 상황들이 어찌 그의 동시대인들에게는 그렇게도 호의적으로 작용하였는가? 예컨대 헨델, 텔레만, 그라우프너, 파슈의 경우가 그러하다. 차라리, 요한 제바스티안 바흐는 자신의 작품을 진행 중인 작업으로 본 것

＊　마테존은 1717년 자기 책 『보호받은 오케스트라Das beschützte Orchestre』에 "바이마르의 저명한 오르가니스트 바흐 씨의 교회와 손을 위한 음악(성악과 클라비어 음악)을 보았는데 이 작품들이 모두 잘 만들어진 것으로 보아 그는 높이 평가받아 마땅하다"라고 썼다. 이로써 바흐는 공적 출판물에 처음 이름이 오르게 되었다. 2년 후 마테존은 바흐에게 인명사전에 올릴 약력을 부탁했고 1731년에 재차 물었으나 바흐는 끝내 답하지 않았다. 이 『개선문의 초석』은 바흐를 제외하고 1740년에 출간되었다. Christoph Wolff, *The New Bach Reader*, New York 1999, 제318항. Christoph Wolff, *J. S. Bach*, Frankfurt am Main, 2000, 542쪽, 미주 3.

같고, 과장해서 말한다면, 악보장에 보관했다기보다 자기의 머릿속에 저장해 놓지 않았는가 하는 인상마저 든다. 그가《브란덴부르크 협주곡》을 헌정하는 이에게 보내기 전에 보관용 악보를 따로 하나 만들어 놓지 않았다는 것을 오늘날의 우리가 상상이나 할 수 있겠는가? 그런 방식이 이 맏아들에 이르러 더 심해진 것 같다.

Carl Philipp Emanuel Bach

그 시대의 전형:
카를 필리프 에마누엘 바흐

둘째로 태어난 카를 필리프 에마누엘 바흐는 형보다 훨씬 수월하게 헤쳐 나갈 수 있었다. 그의 어린 시절을 살펴보면 우리는 그에게 유리했던 상황을 어렵지 않게 재구성해 낼 수 있다. 그는 우선 주변의 기대로 인한 압박을 덜 받았고, 형 빌헬름 프리데만이라는 바람막이 뒤에서 안전하게 자신을 발전시켜 갈 수 있었다. 게다가 그에게는 당시 음악계에서 가장 빛나는 인물인 게오르크 필리프 텔레만이라는 대부가 있었다. 그 텔레만처럼, 그러나 맏형과는 전혀 다르게 그는 길고도 성공적인 삶의 행로를 걸으며 가정을 잘 꾸려 갔고, 20년 동안 한자동맹 도시인 함부르크의 문화예술계를 함께 이끌고 결정지으면서 북독일을 넘어 유럽의 전 지역에서 '위대한 바흐'로 불리었다. 또한 당대 음악학자들에게 그는 안전하고 노련하게 역사의 조각배를 저어 구시대의 바흐와 헨델에서 하이든과 베토벤이 활약하는 새로운 세계의 연안으로 인도하는 인물이었다.

에마누엘 바흐는 1714년 3월 8일 바이마르에서 태어나 3월 10일에 세례를 받았다. 그는 가족과 함께 쾨텐에서 자랐고, 라이프치히에서 학교를 다녔다. 토마스학교 학생 시절에 "그는 어릴 때 기민한 정신과 육체를 가진 아이들이 간혹 그렇듯이, 다른 사람을 고의적으로 놀리는 습관으로 어려움을 겪었다"라고 훗날 토마스칸토르가 된 옛 동

급생 요한 프리드리히 돌레스가 회고하였다.[1] 어린 시절의 음악수업에 관하여 에마누엘 바흐는 1773년에 작성한 한 자전적 요약문에서 "나는 작곡과 클라비어 연주를 아버지 외에 다른 선생한테 배운 적이 없다"[2]면서 아버지의 수업 방식을 다음과 같이 상세히 묘사한다. "아버지는 작곡에서 모든 무미건조한 대위법 방식은 제쳐놓고 학생들로 하여금 곧장 유용한 것부터 시작하게 하였다. [⋯] 제자들은 순수한 4성부 지속저음을 배우는 것으로 시작하고, 그런 다음 코랄로 나아가 먼저 베이스 성부를 제시하였다. 알토와 테너 성부는 제자들 스스로 찾아야 하였다. 그 다음에 학생들에게 베이스 성부도 스스로 만들도록 가르쳤고, 특히 지속저음에서 성부를 명료하게 드러내라고 아주 강력하게 요구하였다. 푸가를 가르칠 때는 2성부로 시작하였다.”[3]

수련 중인 음악가는 당연히 단순한 일도 하여야 했다. 그것은 악보를 사보하는 일인데, 특히 시간에 쫓길 때면 가족 모두가 나서서 거들어야 했다. 예를 들어 에마누엘은 아버지의 모테트 〈성령이 우리의 연약함을 도우시네〉(BWV 226)의 모든 관악기 파트보를 사보하였는데, 이 곡은 토마스학교 교장 요한 하인리히 에르네스티의 장례음악으로 추도식에 맞춰 급히 작곡해 연습하여야 했었다. 몇 년 후 그는 아버지가 원래 바이올린을 위해 작곡한 협주곡 d단조 BWV 1052의 쳄발로 협주곡 버전 연주에 참여하였다. 이 쳄발로 버전은 아버지 바흐의 콜레기움 무지쿰에서 연주되었을 터인데, 아들 에마누엘은 이 콜레기움과 협연하며 쳄발리스트로서 경험을 쌓아 갈 수 있었다. 1731년 그는 자신의 첫 작품을 직접 인쇄해 출판하였다. ‘두 손을 교차하여 연주하는 미뉴에트’라고 알려진 춤곡(Wq 111)이 그것이다. 같은 해에 그는 라이프치히 대학에서 법학 공부를 시작하였다. 훗날 역사가로 출세한 야코프 폰 슈텔린은 그 시기에 거의 날마다 에마누엘 바흐와 함께 지냈는데, 친구가 그 콜레기움 무지쿰에서 솔로나 협연하는 것을 가끔 들었다고 회상하면서, 머리색과 피부색이 짙어 ‘검은 바흐’라고 불리던 에마누엘 바흐는 자연스러움, 깊이, 그리고 신중함을 갖춘 재미있는 사교가였다고 전한다.[4]

2년 후 열아홉 살이 된 에마누엘 바흐는 나움부르크의 벤첼스교회 오르가니스트에 지원하지만 그 자리를 얻지는 못하였다. 1734년에 그는 프랑크푸르트 안 데어 오더 대학 법학부로 옮겨 그 곳에서 클라비어 교사 겸 "그 당시 축제 행사의 모든 공적 음악"의 지휘자로 활동하였다.[5] "프랑크푸르트, 우렁찬 합창으로, 수천의 기쁜 소리로 드러나게 하라." 이것은 왕이 이 대학도시를 방문하자 이를 기념하여 그가 작곡하여 연주한 두 곡의 찬양 칸타타 도입부 가사다. 아마도 그는 자신의 콜레기움 무지쿰에서 아버지 작품도 연주했던 모양이다. 그렇다면 〈두 대의 바이올린을 위한 협주곡〉(BWV 1043), 〈브란덴부르크 협주곡 제5번〉, 〈쳄발로 협주곡 d단조〉(BWV 1052a), 〈커피 칸타타〉(BWV 211) 등을 연주하였을 것이다. 그 즈음에 그는 프랑크푸르트 운터교회의 준공을 기해 2부의 강림절 오라토리오《말씀을 들으니 기쁘나이다Ich freue mich des, das mir geredet ist》를 작곡하였다.

1738년 에마누엘 바흐는 한 젊은 귀족의 기사騎士여행*에 가정교사로서 동행하고자 베를린으로 갔다. 그런데 "당시 프로이센의 세자, 즉 지금의 왕 전하께서 즉시 푸핀으로 오라는 예기치 않은 호의를 베푸시어 나의 예정된 여행은 무산되었다."[6] 그리고 프리드리히 세자가 마침내 왕위에 오른 후 그는 "샬로텐부르크에서 왕으로서 연주한 첫 플루트 독주를 플뤼겔(쳄발로)로 혼자서 반주하는 은총"을 받았다.[7] 그렇게 거의 30년 동안 그는 베를린과 포츠담의 궁정 악단 단원으로 활동하였다. 하지만 프리드리히 대왕이 이 궁정 쳄발리스트를 특별히 높이 평가했는지에는 아무래도 의심이 들고, 그래서 그가 궁

---

* 기사여행Kavalierreise은 왕족이나 귀족 자제가 가정교사, 예술가들을 대동하고 유서 깊은 곳을 찾아가 배우고 공부하는 견문 여행이다. 독일의 그랑투르다.

에 재직하는 동안에 왕이 그에게 사적으로 말을 건넨 것은 단 한 번뿐이라고 해도 별로 놀랍지는 않다. 바로 1747년 5월, 아버지 바흐가 포츠담 궁전에 들러서 왕이 제시하는 주제로 즉흥연주를 한 그 때이다. 왕은 자기 플루트 선생 요한 요아힘 크반츠만큼은 음악적으로 신뢰할 수 있는 사람으로 여기고,* 그 다음으로는 카펠마이스터와 악장인 그라운 형제를 높이 평가하였다.

---

*　　프리드리히 대왕은 플루트 선생 크반츠와는 때때로 국정을 의논할 만큼 가까웠다. 그리고 크반츠의 연봉은 아버지 바흐의 세 배쯤 되었다.

　　그럼에도 에마누엘 바흐는 자신이 독일 음악문화의 한복판에 있다고 느낄 수 있었다. 1773년에 그는 지나온 시절을 회상하며 다음과 같이 쓴다. "다른 무엇보다도 베를린과 드레스덴에서 보고 들은 그 모든 것에는 많은 말이 필요 없다. 누가 그 시대를 모르겠는가. 음악과 더불어, 특히 더없이 정확하고 섬세한 공연과 함께 새로운 시대가 시작되었고, 그것들을 통해서 음악예술이 이만큼 정상에까지 올라왔는데, 그런데 '내 생각으로는' 그 음악이 벌써 많은 것을 잃어버린 것 같아 두렵다."[8] 이 생각은 아마도 한 특정 양식을 걱정해서라기보다는 탁월한 표현이나 연주 기교의 수준 저하를 염려하는 견해일 것이다. 그가 있음으로써, 즉 에마누엘 바흐에 의해서 성격 지어지는 그 시대에 일련의 교습서가 나타난 것은 우연히 일어난 현상이 아니다.[*] 그 교습서들은 작곡의 예술이 아니라, 기술적으로 완벽하고 빈틈없는 연주를 목적으로 한 것들이다.

　　에마누엘 바흐의 임금은 평균 300탈러였다. 크반츠와 카펠마이스터인 그라운의 2000탈러에 훨씬 못 미치고 이탈리아 가수들의 연주료보다도 적었다. 이 가수들 중 카스트라토 펠리체 살림베니는 1750~1751년에 4440탈러로 가장 많이 받았다. 1755년 5월에 밀지密旨시종 미하엘 가브리엘 프레더스도르프가 왕에게 아뢰기를, 에마누엘 바흐가 임금 인상을 요구하고 있으며, 그것이 불가능하다면 면

---

[*]　거의 같은 시기에 관, 현, 건반악기 분야에서 획기적인 교습서가 출판되었다. 1752년; 요한 요아힘 크반츠의 「가로플루트 연주법 연구Versuch einer Anweisung die Flöte traversiere zu spielen」, 1753/1762년; 카를 필리프 에마누엘 바흐의 「클라비어 연주법」, 1756년; 레오폴트 모차르트의 「바이올린 연주법Gründliche Violinschule」.

직을 바란다고 하였다. 그의 제자 니헬만과 아그리콜라가 이미 500탈러를 받고 있는 상황에서 자신은 그 임금으로 "가족과 살아갈 수가 없다"는 내용이었다. 엉터리 독일어만 제외하고 자기가 모든 것을 잘 배려하며 확실하게 챙긴다고 생각하던 왕은 크게 화를 내었다. "바크는 그짓말을 하고 있어. 아그리콜라는 기꾸 500탈러를 받고 있고, 여기서 연주하고 딱 한 번 술 한 병 받은 거야. 그 사람도 보너스 받아야 것지. 예산을 기다리라고나 혀."[9] 이렇게 왕한테 꾸지람을 받은 이 사람은 그동안 부인과 세 아이를 부양하여야 했던 것이다. 그는 1744년 베를린의 포도주 판매상의 막내딸 요한나 마리아 단네만과 결혼하고, 1745년부터 1748년까지 세 자녀 요한 아담, 안나 카롤리나 필리피나와 요한 제바스티안을 얻었다.

앞에서 언급한 토마스학교 학생 존넨칼프의 기억에 따르면, 1749년 라이프치히에서 에마누엘 바흐의 《마니피카트》가 연주되었다.[10] 밖으로 나타난 바로는 에마누엘 바흐 역시 형 빌헬름 프리데만과 마찬가지로 아버지의 후임 자리에 관심을 가졌고, 아버지 사후에 정식으로 그 자리에 지원하기까지 하였다. 1753년 그는 치타우의 한 오르가니스트직에 지원했으나 성공하지 못하였다. 2년 후에는 라이프치히의 토마스칸토르직에 도전하는데, 이번에는 하러의 후임자 자리였다. 그러는 사이 왕에게 계속 청원을 한 끝에 봉급이 어느 정도 인상되었다.

당시의 궁 관계자들은 궁정의 명성을 높이는 데는 이탈리아 오페라와 프랑스 발레가 실내악보다 훨씬 낫다고 보고 그것을 더 중시했던 것 같다. 하지만 실내악 쪽에도 분야에 따라서는 명성 높은 음악가들이 여러 명 있었다. 이들은 별로 재미는 없지만 그래도 저녁마다 7시에서 9시까지 샬로텐부르크나 상수시 궁전에 있는 '왕의 방'에서 열리는 '정기 연주회'에 참여하였다.[11] 거기에서 에마누엘 바흐는 반주를 맡았으나 제2쳄발리스트가 곁에 있어서 자신의 음악활동을 펼칠 시간은 충분한 편이었다. 그래서 그는 쳄발로 협주곡 총 35곡과 심포니도 여덟 곡을 작곡할 수 있었다. 그런데, 이 음악들이 안타깝게도 왕의 연주회에서는 연주될 수 없었다. 그 연주회는 이미 크반츠, 그라운 형제 그리고 프란츠 벤다가 진행의 주도권을 틀어쥐고 있었기 때문이다.

우리가 좋은 교육을 받은 학술 여행가이자 역사 저술가인 영국의 찰스 버니를 믿는다면, 프리드리히 대왕은 에마누엘 바흐의 음악을 특별히 좋아하지는 않았던 것 같다. 하기야 누군들 힘든 업무나 전장에서 지친 몸으로 돌아와 다시 플루트를 들면 익숙한 음악으로 피로를 풀고 싶지 어렵게 새로운 것을 배우고 싶어 하겠는가. 괴테의 친구 첼터의 평가에 따르면, 에마누엘 바흐는 '문학과 예술에서 최고의 취향'을 가졌다고 자부하는 왕의 폭군적인 요구를 인정하려 하지 않은 궁정 음악가에 속하였다. "왕은 에마누엘 바흐의 이런 성향을 눈치채고서 그에게 사적으로 거부감을 느끼고, 그런 이유로 이 위대한 예술가를 그 업적에 준하여 평가하지 못하였다."[12]

아버지 바흐는 이 아들을 베를린과 포츠담에서 적어도 두 번은 만났는데, 궁정 쳄발리스트인 이 아들의 직책을 그리 대단하게 여기지 않았던 것 같다. 바흐 자신은 갓 서른둘에 최상급인 쾨텐 궁정 악단의 카펠마이스터로 초빙되었고, 그 악단과 함께 자기 작품들을 마음껏 시험하고 연습해 볼 수 있었다. 그의 천재성을 인정해 주는 영주 덕에 그는 그런 특전을 누릴 수 있었던 것이다. 그런데 프로이센 궁정에 속한 이 아들에게는 그런 여건이 허락되지 않았다. 하지만 그렇다고 해서 아들 바흐의 활동이 아주 단조로웠을 것으로 단정해서는 안 된다. 에마누엘 바흐의 미망인은, 자기 남편이 베를린 시절에 영주 페르디난트 필리프 요제프 폰 롭코비츠와 함께 (유감스럽게도 남아 있지 않은) 심포니를 작곡하였는데, 그것도 "즉흥적으로 한 마디 한 마디씩 번갈아 작곡을 하였다"고 전해 준다.[13] 그것은 이렇게 생각할 수 있을 것이다. 즉, 예술을 이해하는 한 젊은 귀족이 베를린 궁정을 방문하여 재미 삼아 왕의 쳄발리스트와 서로 한 마디씩 교대로 곡을 하나 만들었는데, 그것은 전문가인 바흐에게도 즐거움이었을 것이다!

에마누엘 바흐는 이미 베를린 시절부터 시민을 위한 음악문화에 다가가는 의미 있는 발걸음을 내디뎠다. 그가 프로이센 궁정의 정규직을 얻은 해에 벌써 베를린의 니콜라이교회 오르가니스트 선임을 위한 심사위원 명단에 그의 이름이 보인다. 그의 오케스트라 작품은 베를린의 정기 연주회 프로그램에 오르고, 클라비어곡과 실내악곡도 시민 계층에서 연주되었을 게 분명하다. 다시 말해 다양한 민간기구가 적절한 시기마다 '아카데미', '음악실천 협회', '음악적 모임'과 같은 이름으로 개설되고 있었고, 그 명칭들이 말해 주듯이 거기에서는 교양과 사교를 위한 시민적 단합이 중요한데, 그것은 전적으로 에마누엘 바흐가 뜻하는 바였다. 에마누엘 바흐는 곧 베를린 시인 모임에 가입하고 북독일의 아나크레온파* 우두머리인 요한 빌헬름 루트비히 글라임과 친교를 맺었다. 이 두 사람의 우정은 글라임이 1747년 할버슈타트로 이사 갈 때까지 이어졌다. 이사한 다음에도 4년 후에 에마누엘 바흐는 친구를

프리드리히 고틀리프 클롭슈토크,
옌스 유엘의 초상화(1779).

요한 빌헬름 루트비히 글라임,
요한 하인리히 티슈바인의 초상화(1771?).

찾아가 그의 집에 머물렀고, 또 언젠가 글라임은 친구 에마누엘이 긴 여행을 하면서도 자기 집에 들르지 않았다고 섭섭해하였다. 1785년에도 글라임은 함부르크에서 에마누엘 바흐와 재회하며 감동에 겨워 "내 사랑하는 옛 친구 바흐"라고 외쳤다고 한다.[14]

글라임은 1758년에 베를린 시절을 다룬 회고록을 출간하는데,

＊ 아나크레온(BC 582년경-BC 485년경)은 그리스의 서정시인이다. 술과 남녀의 사랑을 예찬하는 시를 남겼다. 그의 시는 리라 연주와 함께 낭송되는 것을 전제로 쓰였다. 18세기 중반에 독일에서 그의 정신을 따르는 문인 모임이 클롭슈토크, 글라임 등을 중심으로 결성되었다.

그 내용의 일부는 이렇다. "람러, 레싱, 줄처, [요한 프리드리히] 아그리콜라, [크리스티안 고트프리트] 크라우제(하나님의 보호가 필요한 멍청한 신문사 글쟁이가 아닌 음악가!), 바흐, 그라운 등이 한데 모였다. 한 마디로, 뮤즈와 자유로운 예술에 속한 모든 이들이 날마다 들판에서 물 위에서 어울린 것이다. 이 친구들과 함께 슈프레 강에서 백조들과 수영 시합을 벌이면 얼마나 즐거운지! 친구들과 함께 티어가르텐 공원에서 여러 소녀들과 떼지어 다니다 길을 잃으면 얼마나 재밌는지!"[15] 이처럼 에마누엘 바흐는 항상 그들과 함께 있었고, 그 모임에서는 결코 하찮게 평가 받는 궁정 쳄발리스트가 아닌 아나크레온과 질풍노도 그리고 천재의 시대를 향해 출발하는 미래지향적 예술가 그룹의 일원으로 함께 어울렸다. 그는 아버지를 지극히 존경하면서도 이런 활동을 통해 형 빌헬름 프리데만과는 다른 새로운 세대의 일원으로서 특별한 인정을 받게 된다. 많은 사람들이 그와 친분 맺기를 얼마나 열망했는지, 일례로 젊은 신학자이자 시인인 요한 아우구스트 에버하르트는 그를 만나려고 1764년 새해 전야 축제의 일요모임에 초대장도 없이 그의 집에 나타나기도 하였다.[16]

당대의 유명한 시인 레싱, 람러, 글라임과 크라우제는 슈프레 숲을 거니는 목가적인 소풍만 같이 가는 게 아니라 창작 작업도 함께하였다. 에마누엘 바흐는 여러 노래 모음 곡집을 만드는 일에 참여하고 그것을 《멜로디가 있는 송가Oden mit Melodie》,《베를린 송가와 가곡Berlinische Oden und Lieder》 등으로 출판하였다. 그의 첫 번째 단독 악곡집인 《겔레르트 교수의 종교적 송가와 선율의 노래Herren Professor Gellerts Geistliche Oden und Lieder mit Melodien》는 1758년에 출판되자마자 큰 성공을 거두었다. 모두 53곡의 노래가 실린 첫 번째 곡집은 중쇄重刷를 거듭하다가 1764년에는 가곡 12곡을 추가한 부록이 발간되었다. 에마누엘 바흐는 내적으로 소박한, 그러나 쉽다고만은 할 수 없는 경건한 음조를 찾아내었고, 그것이 동시대 사람들의 마음을 두루 편하게 해주었던가 보다. 아무튼 가사를 단정하고 유연하게 해석하는 전주와 간주 및 후주들은 그만의 개인적 특징으로 평가될 수 있을 것이다. 겔레르트는 본인의 시가 이렇게 멋지게 작곡된 것을 보고 그의 누이와는 달리 훨씬 객관적으로 평가한다. "그 곡들은 아름답다. 그러나 음악적이지 않은 가수에게는 너무 아름답다."[17]

이 곡집에 수록된 노래 〈주여, 당신의 선함이 널리 미치나이다

Gott, deine Güte reicht so weit〉는 베토벤에게까지 영향을 주었던 모양이다. 같은 시로 쓴 베토벤의 작품 Op.48-1의 한 부분에 그의 것과 유사한 패시지가 있다. 그리고 베토벤이 젊었을 때 스승의 권유로 에마누엘 바흐의 클라비어곡을 철저히 공부했다는 증거도 있다. 이런 맥락에서 한스 귄터 오텐베르크는 바흐의 f단조 소나타의 시작 부분과 베토벤의 초기 f단조 Op.2-1을 비교하며—평가는 아니다—, 한 곡이 지닌 가벼움과 다른 곡의 응축성을 대비시켰다.[18]

베토벤은 1809년에서 1812년 사이에 에마누엘 바흐의 악보를 어서 출판하라며 브라이트코프 & 헤르텔 출판사를 독려하기도 했다. 그 때는 그의 피아노 환상곡 Op.77이 나온 시기였는데, 동시대의 비평가 프리드리히 로흘리츠는 베토벤의 이 곡을 바흐의 "멋지고" 자유로운 환상곡과 견주어 "여러 가지 새로운 아이디어에서, 과감하고 놀라운 전조에서, 유연한 성부의 진행, 그리고 작법의 단절이라는 면에서" 비교하였다.[19]

1762년에 에마누엘 바흐는 첫 세속가곡집을《멜로디가 있는 송가 Oden mit Melodien》라는 제목으로 출판하였다. 이 곡집은 그 시대의 전형인 아나크레온적 시와 목가시를 가사로 작곡한 노래들을 담고 있으며, 글라임과 할러, 레싱 그리고 에발트 크리스티안 폰 클라이스트 같은 작가의 시들도 작곡되어 실려 있다. 그는 때때로 대규모 편성의 성악곡을 썼고, 그 가운데 앞에서 언급한 바 있는《마니피카트》는 아마도 안나 아말리아 공주의 교회 합창단을 위한 작품으로 보인다. 이 프로이센의 공주는 에마누엘 바흐 후원자 그룹의 일원으로, 그가 함부르크로 자리를 옮길 때 친히 카펠마이스터 칭호를 수여하기까지 하였다.

겔레르트의 시에 의한 가곡은 잔혹했던 7년전쟁 중에 출판되었다.
1756년에서 1763년 사이의 이 전쟁에서 군인 18만 명이 희생되었
다. 많은 도시와 영주의 성은 수년 동안 절약과 경제적 압박을 감당
하여야 했고, 궁정 음악가들 역시 궁핍에 시달렸다. 제후들이 전장
에 나가면 대다수 음악가들은 최악의 조건에서 간신히 자리를 보전
하거나 면직되었다. '승리에' 취한 왕이 악단 구성원들에게 그동안
의 미지급분 보상을 거부하자 궁정 쳄발리스트 에마누엘 바흐는 매
우 '격분'했으며 감정을 드러내기도 하였다.

베를린의 바흐를 더욱 유명하게 만든 것은 그의 성악 작품이 아
닌 클라비어곡들이었다. 이미 1742년과 1744년에 각각 소나타 여섯
곡씩 들어 있는 두 가지 중요한 악보집이 출판되었다. 하나는 프리드
리히 대왕에게 헌정하여 《프로이센 소나타》로, 그리고 카를 오이겐
공작에게 바쳐 《뷔르템베르크 소나타》라고 제목을 붙인 곡집이 그것
이다. 이 곡집들이 젊은 요제프 하이든의 손에 들어가게 되는데, 훗날
그는 다음과 같이 회상한다. "그 때 나는 전곡을 다 연주할 때까지 내
클라비어를 떠날 수 없었다. 나의 지인들은 내가 카를 필리프 에마누
엘 바흐에게 많은 신세를 지고 있고 그를 이해하고 또 열심히 연구하
였다는 것을 알 것이다. 나는 그에게 단 한 번만이라도 이에 대해 감
사와 경의를 표했어야 하였다."[20] 실제로 1760년대의 하이든의 실험
들, 즉 그가 아직도 '디베르티멘토'로 부르던 클라비어 소나타 분야
에서 시도한 실험들은 분명히 에마누엘 바흐의 영향이라고 할 수 있

다.[21] 일례로 하이든의 후기 피아노 소나타 C장조 Hob XVI:50에서 발견되는 위트와 의외성, 뜻밖의 놀라움 등의 양식적 수단은 에마누엘 바흐가 앞서 보여 준 모범 없이는 생각할 수 없다.

에마누엘 바흐는 1760년에서 1766년 사이에 안나 아말리아 공주에게 헌정한, '일부는 변형된 재현부를 가진 소나타'를 각각 여섯 곡씩 묶은 세 가지 곡집과 함께《여섯 곡의 가벼운 클라비어 소나타 Sechs leichte Clavier Sonaten》를 출판하였다. 이 곡집들은 실제로 그의 인기를 올려 주었고, 수십 년 동안 음악시장에서 큰 비중을 차지하였다. 예를 들어《여섯 소나타…… 숙녀용 Six Sonates…… à l'usage des dames》(Wq* 54)등 출판된 또 다른 클라비어곡들은 개성적인 독특한 곡들이지만 제목만 보아도 넓은 청중층을 겨냥하고 있음을 알 수 있다. 이러한 작곡 의도는 에마누엘 바흐가 참여하고, 일부는 직접 편집자 역할까지 맡아 출판한 악곡집《음악의 모든 것 Miskalisches Allerley》,《여러 가지 음악 Musikalisches Mancherley》,《음악의 이모저모 Musikalisches Vielerley》에도 적용된다. 이 곡집에 실린 음악은 가벼움과 진지함을 적절히 계산하여 혼합한 것들이고, 여기에는 클라비어 음악만이 아니라 실내악과 노래도 함께 수록되어 있다.

한편 에마누엘 바흐의 본연의 소나타 작품들은―베를린 시절의 핵심적 클라비어 음악은―저마다 달라 서로 비슷한 것이 없다. 이 작

---

* 벨기에의 음악학자 알프레드 워트켄 Alfred Wotquenne(1867-1939)은 카를 필리프 에마누엘 바흐의 작품을 정리하여 1905년에 목록을 완성하였다. "Wq"는 그의 성姓의 이니셜을 작품번호 기호로 삼은 것이다.

품들에서 그는 악장의 통일된 흐름을 지향하는 콘티누오 개념에 대해서도 분명히 선을 긋고 있음이 확실해 보인다. 그렇지만 또한 당시에 유행하던 이탈리아식 작곡법도 규칙에 매인 방식에 절대적으로 의존하는 것은 거부하였다. 아들 바흐는 어떤 틀 안에 갇히지 않았다. 규칙을 따르는 아버지의 작법도, 당시 유행하던 양식도, 예를 들어 잦은 당김음 사용이나 작은 음가를 2, 3등분 한다든지, 롬바르디아 리듬*과 각종 장식, 그리고 수사적인 휴지 등도 거부하지 않는다.[22] 그러면서도 무엇보다도 자발성과 격렬한 제스처, 극도로 좁은 공간 내에서의 대비에 가치를 둔다. 에마누엘 바흐는 클라비어리스트적 화려함과는 거리가 멀다. 그리고 한 아이디어의 핵심에 방해되지 않도록 악절은 가끔 거의 도발적이다 할 만큼 성기게 구성되어 있다. 이 점은 벌써 베를린 시절에 작곡한 트리오소나타에도 적용되었다.

음악은 정해진 법칙만을 따른다거나 전통적인 명인적 기교에 대한 표상을 좇아 흘러가서는 안 되고, 음악이란 무엇인가를 말해야 한다. 그런 음악은 예컨대 1751년에 나온 〈낙천가와 우울증 환자의 대화Gespräch zwischen einen Sanguineus und einen Melancholicus〉라는 제목의 트리오소나타처럼 표제음악을 거쳐 가는 특별한 경우에 나타날 수 있다. 하지만 에마누엘 바흐는 자신의 예술이 회화적 요소로 고정되기를 결코 바라지 않았다. 그는 이들 소나타의 대화 형식을 통해 어떤

* 부점 리듬의 역행형 리듬이다. 크반츠는 이를 롬바르디아 취향이라 하였다. 갈랑양식 음악에 흔히 쓰이나, 아버지 바흐도 〈클라비어 협주곡 D장조〉의 제2악장,《b단조 미사》의 "주 하나님Domine Deus"의 플루트 성부에 이 리듬을 썼다.

다른 것을 추구하고 있었다. 에마누엘 바흐는 그의 자유로운 환상곡에서처럼 당시 소나타라는 장르를 속박하고 있던 전통의 틀을 깨려 했던 것이다. 그는 훗날 자신을 음악적 모방미학으로 못 박으려 했던 마티아스 클라우디우스에게 그런 것들을 "가끔 시도하기는 했지만 곧 잊어버렸다"고 회피하듯이 말하였다.[23] "그래도 아주 새로운 길 아닌가요?"라며 끈질기게 묻자 그는 방어하듯 이렇게 대답하였다. "그렇다면 사소한 시도이겠지요. 가사가 있다면 더 잘 이해할 수 있겠지요." 전쟁을 묘사한 한 소나타를 그의 작품으로 규정지으려 할 때 그는 단호한 태도를 취하였다. "문제의 그 전쟁음악Bataille은 내 작품이 아닙니다. 그런 스타일은 내 관심 밖입니다."[24]

물론 에마누엘 바흐는 베를린 시절에 두 타打나 되는 클라비어 성격소곡(Wq 117, 17~40)을 작곡하면서, 그 가운데 몇 곡은 친구들의 모습을 묘사하여 제목도 '슈탈La Stahl', '글라임La Gleim', '루이제La Luise'라고 붙였다. 그는 이 사실을 부인할 수도 없고 굳이 부인하려 들지도 않았다. 이 곡들은 행사용 작품이었다. 그가 보기에 시대에 맞는 작품이란 말할 것도 없이 중심을 "더 정확한 음악적 표현"에 두어야 하고, 그렇지만 문맥은 음악 스스로 형성하는 것이어야 하였다.[25] 설사 음악이 그 무엇보다—에마누엘 바흐의 트레이드마크인—'화음의 낯선 진행'이라는 수단을 통해 급변하고 모순적인 성격을 보여 주며, 이를 통해 감정양식Empfindsamkeit에서 벗어나 질풍노도로 움직여 간다 해도 말이다.[26]

이러한 미학적 배경 아래 1750년 베를린의 이론가 프리드리히 빌헬름 마르푸르크가 그의 b단조 소나타(Wq 49-6)를 평하며 말한 내용은 그를 한껏 기쁘게 하였다. "우리의 작곡가 에마누엘 바흐가 얼마 전 내 친한 친구 앞에서 자신의 소나타곡집 제2권의 6번을 연주한 적이 있습니다. 이 친구가 말하기를, 유감스럽게도 에마누엘 바흐는 대부분의 작품에서 한 곡이 다 완성되기도 전에 산만해지는 불행에 빠지곤 하는데, 이 작품에서는 그가 자신의 계획을 정확히 알고 있고 또 […] 비집고 들어오는 언어 없이도 음악의 언어를 이해하고 있다고 하더군요."[27]

같은 맥락에서 그의 클라비어 지침서에 수록된, 환상곡으로 마무리 되는 제6번 소나타는 특별히 주목할 필요가 있다. 이 작품은, 에마누엘 바흐의 두 친구 하인리히 빌헬름 폰 게르스텐베르크와 프리드리히 루트비히 에밀리우스 쿤첸이 던진 "희미하지만 격정적인 어떤 구상이 영혼 안에 자리한 어느 작곡가의 단순한 기악음악도 분명하고 명확하게 분석할 수 있는가"[28]라는 물음에 대한 실질적 자료다. 게르스텐베르크는 그 예로써 이 작품을 택하여 연습해 보고서 "햄릿의 모놀로그, 삶과 죽음에 대해 어떻게 상상하는지, 극히 짧은 문장으로, 그의 요동치는 영혼의 중간 상태를 드러내는 라르고는 제외"[29]라는 가사를 붙였다. 그는 다른 방식으로도 가능하다는 것을 증명하고자 두 번째 가사 작업을 시도하는데, 독이 든 잔을 마시기 전에 소크라테스가 남긴 독백이 그것이다.

이것들은 모두 멜로드라마로 연주될 예정이었다. 에마누엘 바흐는 이런 시도를 강하게 비판하지 않았는데, 이런 도전이 어쨌든 자신의 음악에 내재한 논리성을 드러내 줄 수 있다고 본 것이다. 하지만 그렇다고 해서 이런 식의 실험을 해보자고 특별한 본보기를 작곡

폰 게르스텐베르크가 쓴 두 편의 텍스트를 곁들인 카를 필리프 에마누엘 바흐의 c단조 클라비어 환상곡 도입부. "독배를 든 소크라테스", 햄릿의 독백 "사느냐 죽느냐"가 적혀 있다. 가사 없이 말하는 기악음악은 당대의 많은 사람을 당혹케 하였다. 최선의 방법으로, 해당하는 가사를 적어 놓았다. Flora, 제1집, 1787.

할 의사도 없었다. 에마누엘 바흐는, 다만 클라비어 음악이 가사 없이도 미묘한 뉘앙스를 이해시키는 기악 언어의 본보기가 되는 데 힘을 보태려 하였고, 무엇보다도 영혼의 언어가 되는 데 기여하고 싶었다. 절대음악의 이상은, 세기 말에 이르러 루트비히 티크와 하인리히 바켄로더가 공표하지만, 벌써 여기에서 그 싹이 움트고 있었던 것이다. 즉, 카를 필리프 모리츠를 비롯하여 흔히 초기 낭만주의자로 불리는 시인들이 '아직은' 감정양식 사조에 머물러 있다고 주장한다면, 그 주장만큼이나 에마누엘 바흐의 클라비어 음악에 담긴 미학적 문맥 역시 '이미' 진정한 예술은 언어로 표현할 수 없다는 초기 낭만주의적 토포스와 연계되어 있다고 주장할 수 있다.

1753년에 출판된 에마누엘 바흐의 《여섯 소나타의 18개 연습곡과 예가 포함된 진정한 클라비어 연주법Versuch über die wahre Art das Clavier zu spielen mit Exempeln und achtzehn Probe-Stücken in sechs Sonaten》은 특히 베를린 시절의, 즉 클라비어 음악 창작기의 그의 이론 및 미학을 통합한 논서로 보아도 무방하다. 이것은 1762년 출간된 클라비어 교습서 개정 증보판의 앞부분이다. 그런데 이 책은 그가 그 시절에 내심 라이벌로 생각할 만큼 뛰어난 동료 크반츠가 플루트 교습서를 펴낸 바로 1년 뒤에 나왔으니 이를 꼭 우연이라고만은 할 수 없을 것이다. 그의 생전에 나온 초판과 개정판의 총 발행 부수가 각각 1000부와 1500부에 달했다 하니 이는 게오르크 요아힘 괴셴이 1786년과 1790년에 출판한 괴테 작품의 2000부와 견줄 만하다.[30]

실제로 에마누엘 바흐의 클라비어 교습서는 최고의 인기를 누렸고, 저자 또한 필요한 경우에는 투쟁하며 책의 명성을 지켜 내는 법을 잘 알고 있었다. 예컨대 그는 1773년 1월 11일 해로운 지침서를 성토하는 경고문을 발표하였다. 그 경고문에는 본인의 교습서를 제외한 나머지가 모두 성토 대상으로 올라 있었다. 그는 이것을 어떤 새 지속저음 교습서의 사전 예약 개시일 바로 하루 전에 내놓았는데, 그 저자는 공교롭게도 자기 대부의 손자, 즉 함부르크의 게오르크 미하엘 텔레만이었다.[31] 에마누엘 바흐는 다시 한번 연습곡과 가벼운 클라비어곡을 담은 곡집이자 올바른 운지법과 장식법, 연주법을 포함한 자신의 교습서가 어떤 의미의 책인지 명확한 근거를 제시하였다. 그리고

'섬세한 반주', 다시 말해서 클라비어 반주에 대한 상세한 안내도 곁들였다.

그리고 "연주의 대상은 음의 셈여림, 터치, 스냅, 레가토, 스타카토, 베붕(비브라토), 펼침화음, 음의 지속, 리타르단도, 그리고 아첼레란도"[32]라고 주장한다. 저자는 이것을 설명하며 새로운 악기 포르테피아노와 함께 전통적인 악기 쳄발로도 끌어들이지만 "재주부리는 새처럼" 하지 않고 "노래하면서 사유하고 영혼으로"[33] 연주하기에는 클라비코드가 적합하다는 견해를 숨기지 않고 있다. 에마누엘 바흐는 자신의 이론을 펼치며 연주지시 용어를 상세히 적어 넣은 아주 중요한 작품 몇 곡을 첨부하였고, 이로써 이 교습서는 건반음악 작곡과 감정양식 정신에서 출발한 클라비어 연주의 미학론으로 이해된다.

에마누엘 바흐에게 연주자란 작곡가가 표현한 감정을 악기를 통해 표출해 내는 예술가였다. "연주자가 스스로 감동받지 못하면 타인을 감동시킬 수 없다. 따라서 연주자는 청중에게 불러일으키고자 하는 그 감정에 자신을 몰입시켜야 한다. 연주자는 청중에게 자기의 감정을 이해시키고, 최상의 방법은 청중을 자기의 감정에 공감하도록 끌어들여야 한다. 연주자는 지치고 슬픈 감정을 표현하기 위하여 스스로 지치고 슬퍼야 하고, 청중은 연주자의 모습에서 그것을 보고 들어야 한다. 이것은 격렬함, 유쾌함뿐만 아니라 그 외의 모든 감정에도 똑같이 나타나야 한다. 청중을 진정시켰다가 곧 고양시키며 열정을 갖고 끊임없이 변화를 꾀해야 한다."[34]

이것은 언어와 음악이 "열정Passions"이라는 동일한 뿌리를 가지고 있다는 장자크 루소의 견해와 정확히 일치한다. 루소는 열정을 당시의 생리학에 대비시켜 신경 조직 및 근육 조직의 혈액순환과 영혼의 움직임 사이의 긴장관계의 변화로 해석하였다. 에마누엘 바흐는 직접 자기 작품의 연주자로 나섬으로써 자신의 이론적 개념을 정당화하였는데, 1772년 10월 그를 방문한 찰스 버니가 그 모습을 실제로 보았다. "격식을 차려 준비한 식사를 기분 좋게 마치고 나서 그는 다시 클라비어 앞에 앉았다. 그리고 중간에도 별로 쉬지 않고 거의 밤 11시까지 연주를 계속하였다. 그는 표정마저 넋이 나간 듯한 무아지경 속에서 줄곧 불꽃같은 열정과 진실한 감동에 빠져들어 연주하고 있었다. 그의 눈은 한곳에 고정된 채 아랫입술은 쳐져 있고, 그의 영혼은 친구들의 존재를 잊은 듯하였다. 다만 친구들을 열정으로 충만케 하는 것으로 족하다는 표정이었다. 연주를 마치고 나서 그는, 이런 식으로 몇 번 더 연주하다가 혹시 회춘하는 거 아니냐며 웃었다."[35]

한 세기가 지나면 이런 자세는 엉터리라는 혐의를 받는다. 빌헬름 부슈*는 「비르투오소Der Virtuos」라는 카툰 시리즈에서 이를 마음껏 비웃는다. 아들 바흐의 시대에는 아직 몸짓언어의 부자연스러움을 조롱하지 않았고, 오히려 '고상한 야수'에 가까운 그들의 꾸밈없음에 탄복하였다. 물론 그렇다고 해서 에마누엘 바흐를 루소의 문하생으로 취급해서는 안 된다. 그는 나중에 포르켈의 『일반음악사』의

---

*　빌헬름 부슈(1832-1908)는 독일의 작가, 화가, 시인이며 유명한 삽화가다. 그림이 있는 교훈적인 이야기책 『막스와 모리츠』로 지금도 유명하다. 「비르투오소」는 연주가 모습을 과장된 제스처로 희화화한 카툰 시리즈다.

서평에서 "예술에 대한 지식이 없는" "유명인사 루소"의 의견에 분명하게 반대하였다. 루소는 "실제로 서로 긴밀하게 연결되어 있는 언어로서 우리의 감성에 말을 걸어야 하는 음악은, 옛 조상들은 몰랐던, 화성이라는 것이 없어도"[36] 꾸려 나갈 수 있다고 말하였다는 것이다.

에마누엘 바흐는 이탈리아에서 온 최첨단의 유행과는 친숙해지지 않으면서 그 사이에 음악이 성취한 새로운 것들을 강력하게 지키고 방어하였다. 레싱은 이와 관련하여 1768년과 1775년 사이의 언젠가 그와 나눈 대화의 내용을 다음과 같이 기록해 놓았다. "바흐는 현대 음악이 처한 이 몰락을 안타까워하였다. 그는 그 원인을 희극적 음악에서 찾았다. 그러고는 최초의 희극적 음악을 작곡한 한 사람인 갈루피가 친히 말했다며 […] 이 희극적 음악의 취향이 이탈리아 교회에서 훌륭한 옛 음악까지도 밀어내고 있다는 것이다. 희극적 음악의 본질적 특성은 기껏해야 알레그로만 있고 아다지오는 전적으로 배제되어 있다는 것이다. 어쩌다 한 번 안단테가 등장하고 만다."[37]

이 두 함부르크 사람이 그 당시에 희극적 음악을 비판하며 의견의 일치를 본 것은 단순히 우연이라고만은 할 수 없다. 이 취향의 문제는 한편은 이탈리아와 남부 독일 경계지역에서, 그리고 북부 독일의 경계지역에서 제기되었기 때문이다. 그러나 베를린과 함부르크의 미학자들이 오로지 장중한 작품에만 매달리지는 않았던 것 같다. 그들의 음악 역시 이해하기 쉽고 마음을 울리며, 때로는 빠른 감정의 변화로 듣는이를 감동시켜야 하였다. 하지만 그것도 과하면 과한 것이다. "모두 다 바보 같고 우스꽝스러워야 한다"는 것은 아니다![38] "오늘날 우리는 얼마나 많은 협주곡과 교향곡을 듣는가. 또 그 곡들은 우리로 하여금 얼마나 차분하고 화려한 음들로 음악의 격조를 느끼게 하는가. 그러나 그런 격조를 감지하기도 전에 익살꾼 한스 부르스트가 한복판에 뛰어들어 속되고 익살맞은 몸짓을 풀어놓는 격인데, 앞에서의 감동이 진지할수록 우리의 동정심은 커진다.”[39]

음악학자 페터 슐로이닝은, 에마누엘 바흐가 ‘오락 음악’이라고 명명한 그 음악을 평가하면서, 이를 경멸하던 그 시대 사람들보다 좀 더 공정하게 접근하고자 하나의 근거를 제시하였다. 어릿광대짓과는 거리가 먼 볼프강 아마데우스 모차르트의 오페라《후궁 탈출》에 등장하는 블론데의 아리아 ‘오 환희, 오 즐거움Welche Wonne, welche Lust’이 그것이다.[40] 이 곡은 음악적 작법이 ‘조화롭다’거나 ‘다듬어진’ 것이 아니라 전적으로 선율 하나가 간단한 반주에 얹혀 있을 뿐인데, 그럼에도 고상한 순수함과 고요한 위대함이라는 이상에 부합한다기보다는 오히려 발랄하고 역동적이다. 그래서 이 음악이 북부 독일인들에게는 어쩌면 육체성과 노골적인 삶의 기쁨을 보여 주는 도발적인 한 예일 수도 있다. 모차르트보다 3년 앞서 세상을 떠난 에마누엘 바흐가 이 오페라를 알아보고 희극적 양식으로 규정했을지 궁금해진다. 그가 이 음악을 들었더라면 어쩌면 1793년 『월간 음악Musikalische Monatsshrift』이 내린 다음과 같은 성격 규정에 동의했을지도 모르겠다. “모차르트는 위대한 천재였다. 다만, 그는 교양 수준이 높지 않았고 학문적 취향 역시 부족했거나 전무했을 것이다.”[41]

이 젊은이가 앞선 세대의 음악을 열심히 공부했다는 사실은 다 알려져 있다. 열한 살의 모차르트는 1762년부터 1763년 사이에 에마

누엘의《여러 가지 음악》에 실린 성격음악 〈보헤미아 사람La Bohemer〉
(Wq 117/26)을 가져와 자신의 초기 클라비어 협주곡 KV 40의 피날
레 악장을 장식하였다. 그리고 성숙기인 빈 시절의 클라비어 작품에
도 아직 에마누엘 바흐라는 본보기가 두루 반영되어 있다. 예컨대 클
라비어 오중주 KV 452 제2악장의 극단적인 반음계적 부분이 그렇다.
그리고 모차르트는 아마도 1788년 초에 자기가 직접 지휘한 에마누
엘 바흐의 오라토리오《예수의 부활과 승천Auferstehung und Himmelfahrt
Jesu》가운데 "따르겠나이다, 나의 거룩한 영웅이여Ich folge Dir, verklärter
Held"를 편곡도 하였을 것이다. 이 오라토리오는 빈에서 연주되었다.
궁정 극장에서 열린 이 연주회에는 100명 이상의 연주자가 동원되
고, 대성공을 거두었다. 여기에 참석한 왕과 귀족부인들이 외친 "만세
Vivat"는 상징하는 바가 크다. 그것은 주로 북독일과 북유럽에서 인정
받던 에마누엘 바흐가 세상을 뜨는 그 해에 빈에도 진출했다는 의미이
다. 이 연주회는 베를린 주재 공사 시절에 에마누엘 바흐 숭배자가 된
고트프리트 반 슈비텐 남작이 주선해서 이루어졌을 터인데, 어떻든 에
마누엘 바흐는 남작에게《전문가와 애호가를 위한 소나타들Sonaten für
Kenner und Liebhaber》제3권을 헌정하여 예를 갖추었다.

　　다시 에마누엘 바흐의 전기로 돌아가자. 이제 때가 되었다. 어언
쉰 살을 넘긴 그에게 어쩌면 마지막일 기회가 왔다. 1767년, 그의 대
부 게오르크 필리프 텔레만이 86세라는 축복받은 나이로 눈을 감자
함부르크 제1교회 음악감독 자리가 공석이 된 것이다. 에마누엘 바흐
는 이복동생 요한 크리스토프 프리드리히를 비롯하여 다른 유명 음
악가들과 경쟁한 끝에 그 자리를 차지한다. 이제 그는 왕으로부터 이

직 허가를 받아야 하는데, 그동안에는 쳄발리스트 에마누엘 바흐에게 별 관심을 보이지 않던 왕이 이제서야 일약 높아진 이 에마누엘 바흐의 명성을 내세워 자신을 과시하고 싶어 하였다. 이에 에마누엘 바흐는 건강상태를 이유로 들어 이직을 요청하였다.[42] 추측하건대, 손가락과 발가락 관절의 통풍을 핑계로 댔을 것이다. 어떻든 그는 이직 허가를 받아 내었다.

1768년 4월 19일 함부르크에서 취임식이 열렸다. 에마누엘 바흐는 전통에 따라 라틴어로 취임연설을 하였다. 제목은 "De nobilissimo artis musicae fine"였는데, 번역하자면 "음악예술의 고귀한 목적에 관하여"이다. 그리고 자신이 지금까지 모셔 왔던 프리드리히 대왕에게도 "오랜 세월 동안 전하께서 휴식을 취하실 때 전하 옆에 거하는 영광을 누렸다"[43]라는 감사의 말과 함께 그의 "비상한 용맹"을 추켜세우는 찬사도 빠트리지 않았다. 함부르크 성직자 대표로 최연장자인 요한 멜히오르 괴체는 천상의 하모니에 관한 헌사로 답하였다. 이어 게오르크 미하엘 텔레만이 팀파니와 트럼펫이 편성된* 헌정 칸타타를 연주함으로써 신임 칸토르의 권한을 선포하였다.

그의 직위 수여식은 이렇게 최상의 격식을 갖춰 거행되었지만 이 행사는 단지 겉치레에 지나지 않았다. 에마누엘 바흐는 일찍이 라이프치히에서 아버지 바흐가 그랬듯이 마침내 독일 대도시 중 한 곳인 함부르크의 칸토르 겸 '음악감독'이 되고 게다가 유명한 텔레만의 후임자가 되긴 했으나, 그의 명성은 칸토르라는 전통적인 직무를 통

---

* 팀파니와 트럼펫의 조합은 위엄, 존귀함을 표현하는 데 쓰였다.

함부르크 요하네움(김나지움)의 1학년 강의실. 1768년, 에마누엘 바흐가 이 곳의 칸토르직을 맡는다.
빌헬름 프리드리히 볼프의 그림을 슈펙터사가 석판으로 찍음, 1840.

해서가 아니라 프리랜서 활동에서 얻어야 하였다. 그만큼 함부르크의 공식적인 교회음악 기관은 전반적으로 내리막길을 걷고 있었고, 그 하향세는 이미 구조적인 문제가 된 상태였다. 18세기에 들어설 때까지만 해도 종교적 성악음악은 예배에 관련된 모든 행사에서 항상 확고한 자리를 차지하였고, 음악 연주라기보다는 예배에 필수 불가결한 요소였다. 그런데 현대적이고 오페라 지향적 형식인 칸타타와 오라토리오가 도입되면서 교회음악은 소수 정예 음악 애호가에게는 듣기에 좋으나 깊이를 잃었고, 예배에 참석한 대다수의 사람들에게는 귀찮고 성가시기만 한 장식물에 지나지 않게 되었다.

이러한 현대적 교회음악의 흐름 속에서 에마누엘 바흐도 시간이

갈수록 점점 더 예배보다는 중요한 교회축제나 성직 수여식, 또는 예배 이외의 연주회 등으로 기울어 갔다. 물론 '일상적 업무' 수행은 당연한 것이어서 그는 1년에 최소 125회의 예배음악을 기본으로 지휘하였다. 성페르티, 성니콜라이, 성카타리나, 성야코비, 성미하엘 등 함부르크의 주요 다섯 교회에서 정해진 순서에 따라 '온전한ganze' 또는 '절반의halbe'* 음악으로 예배에 참여하였다.[44] 하지만 아버지 바흐와는 달리 아들 바흐는 토요일 저녁예배나 일요일 정규예배의 연주 곡목에 자신의 작품을 좀처럼 올리지 않았고, 다른 작곡가들, 예를 들어 텔레만이나 파슈, 슈튈첼, 벤다, 호밀리우스의 칸타타 모음이나 아버지 바흐의 작품을 가져와 썼다. 그 작품들을 함부르크의 실무적 상황에 맞게 편곡하는 것만도 큰 일거리였다. 그런데도 얼마 지나지 않아 교회 상부가 에마누엘 바흐에게 "정중하지만 뻔뻔스럽게" 칸토르 자신의 작품을 들려 달라고 요청한 것은 결코 칸토르를 세심하게 배려하는 뜻이 아니었다.[45] 바흐는 이에 따라 즉각 오리지널 칸타타 시리즈에 착수하지는 않았지만 주요 축일과 성직 수여식에는 기꺼이 자기 작품을 들고 나갔다. 그렇게 했는데도 에마누엘 바흐 사후에 합창단을 폐지하느냐 마느냐를 두고 진지한 논의가 오갔다고 한다. 하지만, 그 사실 또한 그리 놀라운 일이 아니었다. 교회 관계자들에게

---

* 교회력상의 네 절기(성탄절, 부활절, 성령강림절, 미카엘제)의 대축일에는 예배 전체가 풍성한 음악으로 장식되었다. 이 음악, 즉 '4절기음악Quartalstücke(또는 Quartalmusik)'에는 대개 큰 편성의 반주 관현악단에 트럼펫과 팀파니까지 합세하였다. 이렇게 연주하는 음악을 '온전한 음악ganze Musik'이라고 부르고, 보통의 주일主日에 연주되는 칸타타를 '절반의 음악halbe Musik'이라 하였다.

는, 일상적인 일요예배는 부지휘자에게 맡기고 예술적인 교회음악은 특별한 축제 기간에만 연주하도록 제한하면서 그런 조건으로 "잘 훈련받은 마이스터"를 한 사람 모셔 오면 칸토르의 비용을 줄일 수 있다는 속셈이 있었던 것이다.[46]

벌써 여러 세대 전부터였지만, 당시 함부르크에 수준 높은 합창단이 없었다는 사실을 알면 그 때 있었던 이런 논의가 한층 더 쉽게 이해된다. 당시에 기악과 함께하는 교회음악에서는 통상 여섯 내지 여덟 명 정도의 직업 성악가로 구성된 앙상블이 나섰다. 에마누엘 바흐 역시 함부르크의 김나지움인 요하네움의 학생 가운데서 소질 있는 학생을 뽑아 훌륭한 성악가로 키워 내는 일에 별로 관심을 기울이지 않았다. 그는 가창 시간에 대리 수업을 시키거나, 가끔은 그것을 시종한테 맡기기도 하였다. 당연히 직업 성악가로 구성된 작은 앙상블과도 문제가 있었다. 에마누엘 바흐는 당국이 정해 놓은 쥐꼬리만한 연주료마저 자기 주머니에서 지불하여야 했으니 그에게 훌륭한 성악가란 곧 비싼 비용을 의미하였다. 특히 기량을 갖춘 소년 목소리는 매우 드물어서 그는 전임자 텔레만의 방식을 따라 자주 알토를 세우기도 하고 소프라노는 가끔 남성 팔세토로 채웠다.

요컨대 그 곳 성악가들의 기량이 최고 수준에 턱없이 못 미쳤던 것이다. 『반즈베크의 전령들Wandsbeker Boten』이라는 잡지의 발행인이자 시인인 마티아스 클라우디우스는 함부르크의 교회를 방문했을 때 "앞줄에 서 있는 몇 사람이 입술을 달싹이는데, 끊어질 듯 사라지는 소리를 듣고서야 그게 노래 부르는 것인지 겨우 알았다"[47]고 기록하고 있다. 이것은 시비를 거는 말로 들릴 수도 있다. 하지만 에마누엘 바흐는 찰스 버니와 함께 자기 곡이 연주된 카타리나교회를 다녀온 다음에 이렇게 말하였다. "나는 지금의 상황에 아주 만족하지만 가끔씩 창피할 때가 있다. 음악적으로 더 높은 대우를 받아야 마땅한 취향과 통찰력을 지닌 분들이 우리를 방문할 때 그렇다."[48]

버니의 회상록은 1773년에 출간되었고, 같은 해에 요한 크리스토프 보데의 독일어 번역본이 나왔다. 추측하건대 보데는 에마누엘 바흐와 함부르크 사회를 보호해야겠다는 뜻으로 번역하면서 적나라한 부분은 일부러 빼버린 것 같다. 언젠가 에마누엘 바흐는 베를린에서는 자신의 곡을 되도록 잘 연주하려고 안간힘을 썼지만 함부르크의 돌아가는 형편을 보고 체념했노라고 털어놓은 적도 있었다. "음악이여, 이제 안녕을 고하노라! 이 자들은 사회에서 좋은 사람들이고 나는 궁정보다는 여기서 평온과 독립을 누린다네. 쉰 살을 넘기며 다 포기했네. 그냥 먹고 마시고 놀다 내일 죽자고 선언하노라!"[49] 그렇다고 편지처럼 써서 감춰 보려는 이 부분을 일부러 숨긴다거나 지나치게 부풀려 해석할 필요는 없다. 아마도 진실은 그 중간 어디쯤에 있을 것이다.

클라우디우스 이야기를 좀더 들어 보자. 클라우디우스는 코펜하겐 출신인 자기 멘토 하인리히 빌헬름 폰 게르스텐베르크의 뜻에 따라 에마누엘 바흐가 함부르크에 취임한 직후 그를 찾아가 만났다. 그리고 클라우디우스는 잠옷 차림의 그와 나눈 대화를 간결하게 정리하여 의뢰인에게 전달하였다.

에마누엘 바흐: 이렇게 네글리제 차림으로 만나는 점을 양해해 주시오.

클라우디우스: 거장들은 때때로 편한 모습을 보이기도 하지요.

에마누엘 바흐: 아니요, 거장은 절대 그렇지 않습니다. 변변치 못한 자들이나 그렇지요.

클라우디우스: 코펜하겐에서 왔습니다. 기억하실지 모르겠지만, 레제비츠 목사님께서 안부를 전하라고 하시더군요.

에마누엘 바흐: 아, 그러시군요. 요즘 코펜하겐 음악계는 어떤가요?

클라우디우스: 그저 그렇습니다. 쇼베르트와 선생님의 동생이 사랑을 받고 있는데, 특별히 마음에 들지는 않아요.

에마누엘 바흐: 쇼베르트는 여기서도 유명해요. 생각이 있는 사람이지요. 그러나 그의 작품이나 내 동생(요한 크리스티안 바흐)의 최근 작품 뒤에는 아무것도 없어요.

클라우디우스: 그래도 음악이 바로 귀에 쏙 들어오는 모양입니다.

에마누엘 바흐: 곧장 귀로 들어와 흠뻑 채우지요. 하지만 가슴은 텅 빕니다. 갈루피 얘기로는 이 희극적 음악이 이탈리아에서도 한창 유행이라는데, 이 음악에 대한 나의 평가는 그렇습니다. 아다지오는 사용하지도 않고 헛기침 소리나 내는 알레그로뿐이지요. 기껏 한 번 정도 안단티노가 들려요. 프로이센 왕은 이런 음악을 극도로 싫어하는데 글쎄 이게 도처에서 갈채를 받는군요. 나는 (쳄발로 협주나 반주 있는) 소나티네를 작곡할 때는 세간의 취향에 맞춰 수준을 약간 하향 조정했어요. […] 음악이란 본시 훨씬 높은 의도를 갖고 있고, 귀를 채우는 정도에서 머무는 게 아니라 가슴을 움직여야 해요.[50]

카를 필리프 에마누엘 바흐, 컬러 에칭. 프란츠 크뤼거, 1778.

이 대화의 내용은 앞에서도 언급한 레싱의 회상과도 일치하고, 나아가서는 에마누엘 바흐의 칸타빌레적인 클라비어 음악에 관한 의견에도 들어맞는다. "사람들이 귀를 비워 놓지 않겠다면, 노래의 고결한 소박함을 이런저런 소음으로 망치고 싶지 않다면, 그런 작업들이 그리 쉬운 일이 아닙니다. 나에게 음악이란 무엇보다도 가슴을 울려야 합니다. 연주자가 악기를 쿵쾅거리며 북 치듯 둥둥거리고 아르페지오를 쳐대는 식으로는 절대 가슴을 울릴 수 없어요. 적어도 나한테는 그렇습니다."[51]

이제 교회음악으로 돌아가 보자. 에마누엘 바흐는 특별한 애정을 갖고 해마다 수난음악을 준비하였다. 그의 수난음악은 종종 전년도 12월에 벌써 준비가 끝나 있기도 하였다. 그는 아버지에게서 보았듯이 시간에 쫓기며 작업하는 것을 싫어하였다. 1769년에서 1789년까지 20년 동안 에마누엘 바흐는 매년 새로운 수난곡을 만들어 냈고, 그것은 수난주간 동안에 함부르크의 주요 다섯 교회에서 연주되었다. 전통적인 4년 주기 사이클에 맞춰 차례로 네 편의 복음서가 가사의 토대가 되었다. 《마태수난곡》들의 경우, 에마누엘 바흐는 아버지로부터 기본 틀만이 아니라 곡 전체를 가져왔다. 그는 대범하게 에방겔리스트의 레치타티보와 드라마틱한 합창, 코랄을 아버지 요한 제바스티안 바흐의 것을 사용하였다. 그러나 에마누엘 바흐는 개별 작품마다에 아리오소와 아리아를 새로 작곡해 넣어 어느 것도 똑같은 것은 없다.

이 방식이 천재적인 것이라고 할 수는 없겠으나 적어도 심사숙고한 결과라고는 할 만하다. 오늘날의 수난곡 연주에서 모범으로 삼을 수 있을 테니 말이다. 에마누엘 바흐가 이렇게 아버지의 작품을 기반으로 자신의 곡을 구성함으로써 일관성과 전통을 동시에 세운 셈인데, 사실 모두가 빤히 아는 전례 가사와 함부르크 교인들이 다 함께 부르는 코랄로 해마다 수난곡을 새로 작곡하는 게 과연 무슨 의미가 있었겠는가? 하지만 그는 자유로운 시 부분에서는 시대의 흐름을 따름으로써 개개의 작품을 현실감 있게 끌고 갔다. 그러면서 각 수난곡에 자신의 체험을 반영할 공간을 확보하였다. 그의 마지막 《마태 수난곡》이 비非드라마적이며 뚜렷이 비가적인 음조를 띄는 것은 우연이 아니다. 에마누엘 바흐는 분명히 자신의 죽음을 예감하며 이 음악을 작곡하였고, 어쩌면 1789년 수난절에 이 작품이 연주되는 것을 못 보리라고 예상했을지도 모른다.

당시에는 교회 전례 전통이 지역마다 서로 달랐다. 에마누엘 바흐가 연주한 함부르크의 공식적인 수난절 음악들 역시 이 지역 전통에 묶인 탓에 그 가치를 널리 인정받을 수 없었다. 하지만 그는 첫 절부터 끝까지 자유로운 시로 된 가사와 당대의 감정양식 어조를 만족시키는 음악으로 오라토리오를 만들어 이에 대응하였다. 이 분야에서 에마누엘 바흐는 "이런저런 사정에 구애받지 않고 본인의 천재성에 자신을 온전히 맡길" 수 있었다.[52] 한 비평가는 1778년《예수의 부활과 승천》의 함부르크 공연을 보고 그렇게 정리하였는데, 게다가 막간에 에마누엘 바흐가 직접 나와 클라비어를 연주해서 분위기를 띄워 편하게 만들고 청중 역시 그의 "탁월하고 흉내 낼 수 없는 연주"에 감탄했다고 한다.[53]

이 막간의 클라비어 연주는 아마 교회에서라면 생각도 못 할 일이었을 것이다. 그런데 그런 일이 실제로 강江 가운데 섬에 들어선 새 연주홀에서 버젓이 유료로 이루어진 것이다. 사실은 그의 새로운 오라토리오 역시 교회보다는 연주회나 실내 연주에 더 맞춰져 있었다. 그리고 시간이 지날수록 작곡가들은 교회나 시 당국에서 모집한 합창단이 아닌, 열정을 가진 일반인이 뭉친 '노래하는 합창단'을 더 적극 배려하는 추세로 서서히 변해 갔다. 마침내 노래하기를 즐기는 남녀들은 예배에서 단순히 청중으로 머물지 않아도 되는 데다, 본인들

에마누엘 바흐의 출판되지 않은 수많은 작품이 베를린 성악 아카데미 아카이브에 보관되어 있었다. 이 아카이브는 제2차 세계대전 중에 안전지대로 이관되었는데, 몇 년 전에야 바흐 학자 크리스토프 볼프가 키이우에 있던 이것을 찾아내어 바흐 연구에 이용할 수 있게 되었다. 이것은 지금까지 시작단계에 머물고 만 전집 출판에 다시 박차를 가하는 계기가 되었다. 2차 문헌에 관해서, 에마누엘 바흐만큼 연구가 많이 이루어진 바흐의 아들은 없다. 여기에는 1988년 기념의 해가 큰 계기가 되었다. 프랑크푸르트 안 데어 오더에 있는 '필리프 에마누엘 바흐' 콘서트홀이 음악당 명칭의 주인인 그의 작품들을 집중적으로 선보이고 있다. 한편 이복동생 요한 크리스티안 바흐의 전 작품은 벌써 총 48권으로 출간되었다. 영국의 학자이자 라디오 기자인 어니스트 워버튼E. Warburton이 1984년부터 1999년까지 준비한 것으로, 서두른 감이 있지만 그럼에도 좋은 반응을 얻고 있다.

이 직접 합창단을 꾸릴 수도 있게 되었다. 이제 그들은 예배상의 기능이나 순수한 예술적 즐거움을 제공해야 한다는 부담이 없이 오로지 중산층 시민의 소망을 반영하고 교양과 신앙, 그리고 내면성이라는 기치 아래 자신들의 문화를 스스로 일구어 나갈 수 있게 된 것이다.

헨델의 오라토리오를 향한 열광에 힘입어 영국인들이 먼저 이러한 발전적 변화의 기수가 되었다. 그리고 시기를 최대한 늦춰 잡아도 1772년 마이클 아르네가 헨델의《메시아》를 함부르크에서 연주하여 전全 독일인들에게 들려줌으로써 내부인들이 온통 헨델에 도취된 이

후 감정양식 장르의 독일 오라토리오의 길이 활짝 열렸다. 이 계열에 속한 에마누엘 바흐의 첫 작품은 더 오래된 것을 소재로 한 칸타타로, 공식적인 수난곡들과 함께 1785년까지 매년 교도소와 방직공장 내 교회에서 '지속적인 교화'를 목적으로 공연되었다. 그는 특히 《사막의 이스라엘 사람들Die Israeliten in der Wüste》(1769)과 《예수의 부활과 승천Auferstehung und Himmelfahrt Jesu》(1774)으로 명성을 떨쳤고, 《천지창조Schöpfungsfeste》(1783)로 이름을 더욱 드높였다.

이 작품들을 듣고 사람들은 감정의 뜨거움과 표현의 구체성을 들어 격찬하였다. 특히 다니엘 쉬벨러의 텍스트로 작곡한 《사막의 이스라엘 사람들》을 듣고 작곡가이자 바흐 숭배자인 요한 프리드리히 라이하르트는 열광하며 찬사를 보냈다. "표현 하나하나가 얼마나 적절하며 남김이 없는지, 절망에 빠진 이스라엘인들의 외침은 얼마나 강렬하고 힘차며 신과 지도자에게 맞선 그들의 비웃음과 조롱의 표현은 또 얼마나 기발한지, 백성을 향해 소리치는 모세의 발언은 얼마나 위엄에 차 있는지, 그리고 먼지를 둘러쓰고 겸손히 엎드려 신께 올리는 그의 기도가 얼마나 간절하고 깊은지, 구원받은 백성의 환희는 어찌나 가슴이 터질 듯 벅찬지, 그리고 마지막 장면은 끔찍하고 가엾기 짝이 없는 첫 도입부 장면들을 어찌나 멋지고 유쾌하게 짓밟아 버리는지 도무지 표현할 길이 없네. 에마누엘 바흐 자신의 소리가 아니고서는 어떤 것도 이를 대신할 수 없을 걸세."[54]

이 비평은 또한 숭고한 장르인지 우아한 장르인지를 떠나서 간결한 표현을 바탕으로 구성해 가는 작곡가의 노련함에 탄복한다. 에마누엘 바흐는 당시 오라토리오 장르에서 상당히 인기를 누리던 음

회화Tonmalerei를 전적으로 배제하였다. 그의 청중은 개별적인 부분에서 "아!" 또는 "오!"로 반응하기보다 전체적인 음의 감정적 흐름에 자신을 내맡겨야 했다. 이러한 의도에 따라 그는 10년간 사랑받던 카를 빌헬름 람러의 리브레토를 토대로 작곡한 오라토리오《예수의 부활과 승천》을 수년에 걸쳐 드라마적 오라토리오에서 시적 오라토리오로 수정하는 작업을 시도하였다. 한편, 그는 아버지 바흐에게는 필수적이었던 푸가 작법을 별로 신봉하지 않았다. 에마누엘 바흐는 그 작법에 숙달되어 있었지만 그에게 푸가는 시간전개Zeitgestaltung를 드러내 주는 형식이기보다 무미건조한 형식적 잡동사니에 지나지 않았다. 게다가 그것은 아마추어 합창단에게는 지나치게 어렵다고 여겼다.

꾸민다거나 혹은 평범한 대안적 작곡방식과 거리가 먼 그의 오라토리오 음악에는 기술적 노련함도 물론 존재하지만 이를 고려하지 않고 보더라도 시대적 의미에서 "고상한 단순성, 고요한 위대성"이 깃들어 있다고 인정할 수 있을 것이다. 그의 음악에는 이러한 요소가 분명히 있다.《예수의 부활과 승천》은 "교육용"이지, "귀부인이나 허풍쟁이 음악가를 위해 작곡된 것이 아니다."[55] 이 작품은 에마누엘 바흐의 작품 중에서 가장 탄탄하게 작곡된 음악으로 꼽힌다. 그는 말년에, 혹시라도 "건방진 인간"으로 보이지 않기를 바라면서, 이 작품이 "나의 사후에 나에게 큰 명예를 안겨 주고 음악 애호가들에게는 많은 도움을 줄"것이라는 기대를 밝혔다.[56]

이중합창단을 위한 작품 〈거룩하도다Heilig〉를 듣고 동시대인들은 전통적인 작품이어서가 아니라 그 계산된 정교함에 매혹되었다. 고타의 악장 게오르크 벤다는 감탄하며 이렇게 말하였다. 에마누엘 바흐는 "위대한 간결함에 지극히 깊은 예술성을 결합시켰다. 그가 내게 말하기를, 천사들이 찬양의 노래를 부를 때 기교를 부릴 필요가 없다고 하였다. 천사들의 주요 특성은 고귀한 단순성이다."[57] 에마누엘 바흐는 서로 거리가 먼 조성을 단순하되 의미 있게 결합시키고 반음계를 남용하지 않고서도 이 효과를 낼 수 있다고 주장하였다. 벤다는 그 곡이 초연될 당시에 현장인 함부르크에 있으면서 일자리를 찾는 중이었고, 그 밖의 이유로도 그는 결코 의심할 수 없는 증인이다. 우선 이 글 자체가 에마누엘 바흐와 협의하며 쓴 것인 데다, 우렁찬 이 중합창 앞에 배치된 알토 아리에타가 바로 그의 작품이어서 그렇다.

베를린 궁정 음악가 시절에 알게 된 이 두 음악가가 이렇게 함께 작업하면서 서로를 보완하는 이 모습은 에마누엘 바흐가 함부르크 무대에서, 그리고 함부르크를 벗어나서도 입지를 확보하는 법을 정확히 알고 있었다는 여러 증거 가운데 하나다. 그 구체적인 예가 〈거룩하도다〉인데, 이것은 1776년 미카엘 축일을 위한 음악이고, 예배를 위한 축제 음악으로 작곡되었다. 그런데 이 노래가 교회에서 한 번 연주되고 끝난 게 아니라 함부르크의 주요 교회에서 거듭 울려 퍼졌다. 곳곳의 청중이 이 노래를 좋아하며 한껏 즐기는 것을 보자 지역 언론들은 대중이 새로이 누릴 이 즐거움을 앞다퉈 보도하기에 이르렀다. 즉, 다음 토요일과 일요일에 마하엘리스 교회에서는 〈거룩하도다〉가 마치 천사들이 "교회당 위 하늘에서",[58] 군중의 합창은 오르간에서 쏟아져 울리듯 연주될 것이라고 예고하곤 하였다. 그러면서 예배 전례가 거의 음악회로 변하였고, 이제 설교가 아닌 음악이 함부르크 예배의 주요 매력으로 등장하게 되었다.

함부르크 미헬교회 내부.
교회 음악가 에마누엘 바흐의 일터이자 〈거룩하도다〉의 연주 장소로 그가 선호하던 곳이다. 카를 마르틴 레이트의
그림을 제임스 그레이가 동판화로 옮김.

그런데 아버지 바흐가 라이프치히 예배에서 들려준 연주에 관한 기록에는 그런 식의 묘사나 내용이 단 한 줄도 없다. 물론 아버지의 연주도 주목을 끌긴 하였다. 그렇지만 교회 음악감독 에마누엘 바흐가 자신의 〈거룩하도다〉로 함부르크 교회의 방문자들을 한주 내내 사로잡았다니, 이는 아버지 바흐 시절의 라이프치히에서는 상상도 못할 일이었다! 나아가서 〈거룩하도다〉는 그 후에도 여러 해 동안 함부르크 교회에서 계속 연주되었다. 뿐만 아니라 그는 그 음악을 (자신이 만든 아리에타를 넣어) 출판하고, 마침내 그가 세상을 뜨기 2년 전 본인이 직접 기획한 역사적 연주회의 프로그램에 올렸다. 그 결정은 그가 자신을 게오르크 프리드리히 헨델과 아버지 바흐의 반열에 올려놓겠다는 명백한 의도 하에 내린 것이다. 그보다 훨씬 전에 에마누엘 바흐는 자기 작품을 출판해 주던 브라이트코프에게 〈거룩하도다〉가 자신의 '백조의 노래'여야 하고 "내가 죽고 나서 사람들이 나를 금세 잊지 않게 하는 데 기여하기 바란다"는 편지를 썼다.[59] 그는 이제 아버지 바흐와 헨델을 의식하며 이 〈거룩하도다〉를 《b단조 미사》의 '크레도'와 《메시아》의 '할렐루야' 앞에 마주 세워 놓았다. 이 작품은 실제로 숭배의 대상이 된 것이다.

세월이 지나면서 이 아들 바흐는 특별히 가정 예배를 염두에 둔 종교적 노래 작곡가로서도 명성을 얻었다. 앞에서 언급한 겔레르트 가곡에 이어 요한 안드레아스 크라머 가사의 가곡들이 나왔고, 이에 관해 본명이 마티아스 클라우디우스인 아스무스는 『반즈베크의 전령들』에 다음과 같이 보고하고 있다. "나는 선불 예약을 했지만 후회하지 않는다. 이 가곡에는 그만한 가치가 있고 선율 이상의 것이 담겨 있다. 모든 시작이 늘 그러하듯 어려웠을 텐데도 첫 곡부터 아주 경쾌하고 단순하며, 한마디로 재미있다. 그렇지만 내가 꼽는 사랑스런 선율은 27쪽과 10쪽에 실려 있는 작품이다. 앞의 것 〈낮과 밤, 경건한 자의 구원Tag und Nacht, de Heil der Frommen〉은 깊은 슬픔이 더없이 아름답고 내적인 호소력을 지녀 가슴이 멘다. 〈하늘이 부르는도다Die Himmel rufen〉는 신자들로 하여금 드높은 다윗의 찬양가를 힘껏 부르게 한다. 그리고 신의 위대함 등의 둘째 행에서 충분히 끌어야 한다. 내가 좋아하는 게 바로 그것이다."[60]

그는 1780년과 1781년 사이에 함부르크의 대표목사 크리스토프 크리스티안 슈트룸의 시를 가사로 가곡집 두 권을 펴냈다. 이 목사는 작곡가의 부탁에 따라 자신의 대표적인 종교시 모음 가운데서 "작곡에 가장 적합"한 것을 골라 주었다.[61] 에마누엘 바흐와 가까웠던 이 신학자는 당대의 뛰어난 문필가로 그가 쓴 「자연과 섭리의 나라에서의 신의 과업에 관한 고찰Betrachtung über die Werke Gottes im Reich der Natur und Versehung」은 전통적인 교회신앙과 시대에 부합하는 자연적 경건함을 다루고 있는데, 베토벤도 그 사상에 매료되었다.

세속음악 영역에서도 에마누엘 바흐는 프리드리히 폰 하게도른 같은 지역의 대가가 쓴 시를 가사로 택해 작곡하였다. "거룩하게, 그러나 졸리지 않게"는 최근에 발견된 가곡 〈하베스테후데Harvestehude〉(함부르크의 한 구역명)의 첫머리에 있는 연주지시어다. 아마도 작곡자는 눈을 꽤 여러 번 껌벅이다가 이렇게 정했을 것이다.

출판 전략에서도 아들 바흐는 하나의 자기표현처럼 신중하고 노련하였다. 음악출판사들이 그다지 발전되지 못했던 그 시절에 그는 열정적으로 한 방식을 밀고 나아갔다. 그는 이것을 아버지로부터 어린 싹의 상태로, 또 전임자였던 텔레만에게서 훨씬 발전된 형태로 배웠다. 바로 자가自家 출판이다. 그는 출판에 따른 모험을 최소화하려고 예약제를 확대하였다. 《사막의 이스라엘 사람들》에 대한 예약 광고물을 발송하면서 그는 클롭슈토크가 「독일 지식인 공화국」의 독자를 더 많이 확보하기 위해 개발한 배송 시스템에 따랐다. 그것은 모든 주요 도시에 수금원을 두고, 그들의 활동에 대한 보상은 대개 무료 증정본을 기증하는 것이었다.

오라토리오로 거금을 버는 경우는 드물었지만 에마누엘 바흐는 가곡과 클라비어 음악 출판으로 상당한 이익을 남겼다. 그는 라이프치히의 출판업자 슈비케르트가 출판을 제안하자 "내가 그것을 직접 펴내면 얼마나 벌지 생각해 보시오"라며 거절하였다.[62] 실제로 《전문가와 애호가를 위한 여섯 소나타》 초판이 1779년에 519건의 선불예약을 달성하자 에마누엘 바흐는 초판 인쇄를 1050부로 늘려 '감행'할 수 있었다.[63] 10건 이상의 사전예약이 각각 베를린, 브라운슈바이크, 코펜하겐, 런던, 상트페테르부르크, 리가, 슐레지엔, 울름, 바르샤바, 빈에서 들어왔다. 그는 "나의 소나타와 〈거룩하도다〉는 따뜻한 빵처럼, 진미식품 시장에서 농어 팔리듯이, 팔려 나간다"고 좋아하며 자랑하였다.[64] 《전문가와 애호가를 위한 여섯 소나타》의 초판으로 거둬들인 순이익이 대략 950탈러에 달하는데, 이것은 그의 연봉보다 훨씬 많은 액수였다.[65] 물론 이 돈이 저절로 굴러 들어온 것은 아니다. 그는 끊임없이 20명도 넘는 수금원과 친목을 다져야 하고, 소규모 통신판매를 더 늘리면서, 비용이 적당한 배송 수단을 찾아야 했다. 뿐만 아니라 짐수레꾼이 그 소중한 악보를 빗속에 방치하지는 않을까 끊임없이 걱정하였다.

빌헬름 프리데만 바흐나 요한 크리스티안 바흐가 이런 활동을 하리라고는 상상하기 어렵다. 그러나 에마누엘 바흐는 사업가로서 금액을 합산하고, 영수증을 검토하고, 파트너와 소식을 주고받고, 때로는 값을 심하게 후려 깎을 때 즐거움을 느끼는 듯하였다. 비용을 확 깎는 일은 예컨대 슈비케르트와 사이에서 일어났다. "잘 생각해 보세요. 그까짓 푼돈 대신 나는 당신에게 이 새 연습곡을 만들어 넘기고자 합니다. 8일 내로 출고될 텐데, 당신은 출고될 때 권당 3탈러를 제게 지불하면 됩니다. 이보다 더 합리적일 수는 없지요."[66]

요한나 엘리자베트 폰 빈트헴의 초상화. 작자미상의 유화, 1775년 작품.
훗날 클롭슈토크의 두 번째 부인이 된 그녀는 그림 속에서 에마누엘 바흐의 〈조국에 바치는 노래〉를
클라비어로 연습하고 있다.

젊은 동료들 역시 가끔 에마누엘 바흐의 경험으로부터 많은 것을 배울 수 있었다. 베를린의 음악가 퀴나우는 유익한 조언을 듣기도 하였다. "일반인용으로 출판할 작품이면 그대는 조금만 예술적이시고 되도록 설탕을 많이 넣으시오. […] 인쇄하지 않아도 되는 작품이라면 그대는 그대의 근면을 모두 발휘하기 바라오. 도움이 될 만한 비평에 관해서는 내가 나서서 돌봐 주리다."[67] 바흐는 '고객'의 예술적 요구와 테크닉적 능력 사이의 문제를 이처럼 스스로 알아서 조절하였다. 1760년 인쇄된 소나타(Wq 50)는, 서문에서 밝혔듯이, 누구나 곡의 반복 부분을 즉흥으로 변주하는 이른바 "오늘날의 필수 불가결한" 예술로 스스로 좀 뽐내고 싶긴 한데 "특별히 강도 높은 연습을 할 끈기도 시간도 낼 수 없는" 연주자를 주고객으로 한 곡이다.[68] 그래서 그 변주 부분을 서비스로 제공하였다. 연주자는 원하면 슬쩍 말해도 되었다, 변주 아이디어는 자기 거라고.

에마누엘 바흐 같은 사람은 쉴 새 없이 바쁠 수밖에 없었다. 1775년 초 클라우디우스가 게르스텐베르크에게 보낸 편지에 "노老 예하Se. Eminenz"에게 해야 할 일거리가 쌓여 있노라고 쓰여 있다.[69] 이제는 함부르크의 전통적인 수난절 음악을 준비해야 하고《사막의 이스라엘 사람들》의 인쇄 버전을 내놓아야 했다. 그리고 수정을 하고, 예약자를 한 명이라도 더 확보하기 위해 싸우고, 작품이 시장에서 잘 자리 잡도록 챙겨야 하였다. 그렇지만 에마누엘 바흐는 일상의 업무를 수행하면서도 '익살스런 성격', 바꾸어 말해 사교적인 성격을 잃지 않았다.[70] 그의 이런 성품은 베를린 시절부터 소문이 자자하였다. 그는 자기 집 대문을 늘 열어 놓고, 문학과 예술 분야의 핵심 인사들과 친분을 유지하며 그들로부터 자신도 존중받았다.

에마누엘 바흐는 "이번 것은 지난번의 가벼운 곡들만큼 매상이 바로 오르지는 않을 것이다. 그래서 초기의 열기를 잘 이용해야 한다"[72]라는 자신의 예측과 달리《전문가와 애호가를 위한 소나타들》은 초판에서 많은 발간 부수를 달성해 내었다. 200~250부의 판매이익은 그것만으로 능히 출판경비를 충당하는 액수여서 그는 판매 부수가 점차 줄어들자 5쇄로 마감하고, 결산 결과 "괄목할 만한 이익"을 얻었다고 말하였다. 그리고 특유의 자부심으로 다음과 같이 덧붙였다. 이 소나타들은 "독창적이며 마음에 딱 든다. 요즘 나오는 그런 하찮은 음악처럼 어렵지 않고, 그렇다고 늙은 아버지처럼 고리타분하지도 않다. 이 작품들은 나의 다른 곡들처럼 오래도록 보존되기에 충

분하다."**73** 인기 부족이라는 현실에 관해서는, 어차피 전문적인 청중
은 출판된 작품으로 만족하지 않고 스스로 나서서 미출판 작품을 탐
색하듯 찾아다닌다며 그다지 불평하지 않았다. 1780년, 명성의 최정
점에서 에마누엘 바흐는 그의 제본업자가 매수당해 미출판 론도들을
불법 복제하는 상황에 몰리게 되었다는 사실을 확인하였다.

《음악의 이모저모》에서 에마누엘 바흐는 텔레만의 〈신뢰받는
음악의 대가Der getreue Musikmeister〉를 모범 삼아 변주곡 작품을 시리
즈로 계속 출간하였는데, 정기구독자들은 한 가지씩 나올 때마다 기
대에 부풀었다. 마티아스 클라우디우스의 판단에 따르면, 이 곡집에
는 "좋은 것과 보통 것이 섞여" 있다고 한다.**74** 그렇다고 해서 이것
이 에마누엘 바흐를 적당주의자로 만드는 건 아니고 오히려 작곡가
와 청중 사이의 소통과 긴장의 관계를 경탄스러운 수준에서, 음악사
에 전례가 없을 만큼 보여 주고 있다. 그는 이런 청중에 대해《클라비
어위붕》을 쓴 아버지 바흐처럼 그렇게 비타협적으로 임하지 않았지
만 그렇다고 해서 일부러 나서서 친해지려고 하지도 않았다. 그가 보
기에 동생 요한 크리스티안은 그러했다. 간혹 그가 사람들이 이해하
기 쉬운 뭔가를 쓸 때는, 그것은 비단 대중의 마음에 들려는 의도에서
만이 아니라 새로운 음악 애호가를 육성하고 싶어서였다. 그리고 대
중적으로 보이는 여러 가지 곡들도 사실은 고급 위트가 담긴 작품이
다. 일례로 클라비어 론도 장르가 그렇다. 에마누엘 바흐는 이 장르를
1780년《전문가와 애호가를 위한 소나타들》의 두 번째 시리즈에 도
입하고, 죽을 때까지 소중히 취급하였다. 여기에서 가볍고 이해하기
쉬운 평이한 곡을 기대하는 사람은 위반과 극단에 놀랄 것이다. 이 음

악은 에마누엘 바흐가 "사람은 늙어 가면서 재미에 의지하게 된다"는 모토 아래 내놓은 것들이다. [75]

이 재미는 이복동생처럼 희극적 양식을 목표로 한 게 아니라 주관적인 정열과 "작품 구조를 장난치듯 익숙하게 다루기"를 결합하려는 시도였다. 이 결합을 시도하며 에마누엘 바흐는 철저하게 동시대의 문학을 본보기로 삼았다. [76] 그럼으로써 론도의 형식과 주제가 보여 주는 전통적 재료 안에서 기악음악의 표현력과 대화 능력이 증명되어야 했다. 바흐는 "슬픈 론도도 만들 수 있다"는 사실[77]을 증거까지 대면서 입증하려 하였다. 그것이 바로 〈내 실버만 클라비어와의 이별 Abschied von meinem Silbermannischen Clavier〉(Wq 66)이라는 c단조 론도다. 그는 1781년에 이 작품을 두고 "사랑하는 곡"이라고 말하였다. 이 곡의 개념적 본보기는 일차적으로 로런스 스턴 Laurence Sterne의 『트리스트럼 섄디』인데, 에마누엘 바흐는 이 소설 번역본을 예약해서 사 읽었다.

일반적인 규칙에 개인의 반짝이는 영감을 대비시키기, 그리고 전반적으로 작가作家의 존재를 작품에서 명확히 드러내기 등은 론도에서보다 자유로운 클라비어 환상곡에서 더 중요하였다. 동시대 문학에서처럼 사람들은 이제 1인칭 음악에 관해 논의하게 될지도 모르게 되었다. 예컨대 음악에 정통한 문학계 '질풍노도'의 대리자 크리스티안 프리드리히 다니엘 슈바르트도 「음악의 랩소디 Musikalische Rapsodien」에서 다음과 같이 요구하고 있다. "당신의 자아를 음악에서 드러내기 위해서는 그렇게 생각하고, 발상하고, 스스로 그렇게 상상하시오." [78] 그런 식으로 상상을 따라 모방한 작품들은 에마누엘 바흐에게만 있는 게 아니라 하이든과 베토벤에게도 있다. 이 세 작곡가들이 그들의 시대에 "독창적 천재"로 인정받은 것은 무엇보다도 청취경험에 근거한다. 그들의 음악은 그저 단순히 전달하는 것이 아니라 새로이 나타나는 낯선 자아를 좇아 공감하고 이해하도록 끊임없이 요구한다는 청취경험 말이다.

뒤의 내용은 물론 에마누엘 바흐의 교향곡에도 해당된다. 슈테판 쿤체는 그의 심포니들을 이런 의미에서 음악사의 "특별한 경우"로 평가하였다. 형식을 지키고 따르는 지속적 흐름은 언어능력을 강화하기 위해, 그리고 "가열되고 과열된 감정에 이르기 위해" 거의 강제로 중단되고 만다.[79] 음악적 주제는 형태구성상 자꾸만 노골적으로 정도에서 벗어나는 쪽으로 흘러간다. 느린 악장에서는 "괴로움 자체의 표현으로서 […] 주저, 망설임, 숙고의 제스처"가 나타난다.[80] 에마누엘 바흐는 〈C장조 환상곡〉(Wq 61/6)을 내놓으면서 일약 "18세기 기악음악의 수사학적 휴지의 대가"로 불리었는데, 충분히 그럴 만하였다. 그의 유별난 작품들에서 나타나는 갑작스런 침묵은 유쾌한 즉석 대화보다 더 많은 것을 말해 주기 때문이다.[81]

이렇게 작품상의 변화가 일어나는 정신사적 배경으로 비단 문학의 '질풍노도'만 중요했던 것이 아니다. 여기에는 루터주의의 금욕적 분위기도 영향을 미쳤다. 즉 개인의 양심으로의 진지한 복귀는 자기비판 경향만을 촉진한 게 아니라 경건주의 영향을 받은 자서전에서나 볼 수 있는 갑작스런 분위기 반전도 부추겼던 것이다. 특히 카를 필리프 모리츠의 소설 『안톤 라이저Anton Reiser』가 이러한 영향을 받은 작품이다.* 앞에서 언급했지만, 모리츠는 총 10권으로 된 『경험심

함부르크 대표목사 크리스토프 크리스티안 슈투룸과 담소 중인 에마누엘 바흐.
에마누엘 바흐는 슈투룸의 종교적 텍스트를 작곡하였다. 초상화가 안드레아스 슈퇴트루프는 그림 왼쪽에 자신을
그려 넣었다. 존중받는 비평가이자 함부르크의 바흐(에마누엘 바흐)를 존경하던 마티아스 클라우디우스는 그 때
벌써 가발을 벗었다. 채색 펜화, 1784.

리학지』의 편집자로 에마누엘 바흐와 동시대를 살았다.

함부르크의 바흐는 자신의 작곡가적 자아에 대한 자기비판 기질을 자랑스럽게 여기고, 자신의 이 기질이 동생 크리스티안 바흐의 작품에서 나타나는 직선적이며 때로는 노골적이고 뻔뻔한 자기표현과 명백하게 대조된다고 보았다. 그가 보기에 동생의 음악은 기발한 유머를 담은 어떤 고급스런 양식이 아니라 이탈리아에서 넘어온 '희극적 양식'일 뿐이었다. 함부르크의 바흐 역시 좁은 공간 내에서 벌어지는 자극적인 대립을 즐겨 썼다. 그렇지만 그는 대립으로 인한 파괴가 아니라 적당히 재치 있게 균형 잡히기를 바랐다. 에마누엘 바흐는 이런 경향을 적당주의로 낙인찍었다. 하지만 우리는 크리스티안 바흐의 양식이 모차르트에게 끼친 영향을 한번 생각해 볼 필요가 있다. 모차르트는 세월이 흐를수록 청중의 취향에만 맞춰 작곡해야 한다는 상황을 못마땅해하였다.

에마누엘 바흐를 보자면, 만약 그가 꾸준하게 아마추어의 이해력에 맞춰 감정이입을 시도하지 않았더라면 그는 시대의 대변자가 될 수 없었을 것이다. 바로 여기에서 여섯 종류의 후기 소나타곡집의 기본 내용인 가벼움과 무거움의 병립이 설명된다. 그 음악은 하나의 혼합이다. 하지만 이 혼합의 의도는 당연히 동시대인들에게 선뜻 이해되지는 않았다. 요한 제바스티안 바흐에게 초점을 맞추고 있는 포

＊　카를 필리프 모리츠(1756-1793)의『안톤 라이저』는 심리 소설 시리즈로, 광적 경건주의자인 아버지와의 갈등, 가난한 소시민적 가정환경, 자살 시도 등 작가의 자전적 내용이 담겨 있다.

르켈은, 아들 바흐가 "그의 선율의 명쾌함과 알기 쉬움이라는 점에서 통속적인 것에" 근접해 있지만 "그래도 여전하게 지극히 품위가" 있다며 걱정스레 지켜보았다.[82] 이에 반해 카를 프리드리히 첼터는 친구 괴테에게 말하기를, 근년에 에마누엘 바흐의 "아주 새롭고 독창적인" 음악을 듣고 "막연하지만 진짜가 주는 느낌"에 사로잡혔는데, 그러나 처음에는 이 음악을 "거의 이해할 수 없었다"고 한다.[83]

표면상으로 보면, 에마누엘 바흐는 자신에게 부여된 조정의 임무에 시달리지 않았다. 그러나 우리는 그가 초기 함부르크 시절을 되돌아보며 남긴 발언을 흘려들어서는 안 될 것이다. "나는 대부분의 작품들을 특정 인물들과 청중을 위해 만들어야 했고, 그러느라 내 자신만을 위한 곡들을 완성하기보다 그 일에 더 매여 있었다. 게다가 때때로 졸렬한 규정을 따라야만 하였다. 그렇지만 결코 편치 않은 그런 상황이 나의 천재성으로 하여금, 아마도 그렇지 않았다면 떠오르지 않았을, 어떤 발상에 이르도록 촉구했을 수도 있다."[84]

'졸렬한 규정'에 대해 말하자면, 무엇보다 함부르크 시절에 작곡한 일련의 성악-기악의 행사음악이 떠오른다. 그 중심에는 에마누엘 바흐가 그 규정에 따라 수년에 걸쳐 쓴 거의 두 타에 이르는 입문적 음악이 있다. 그렇지만 그가 펼치는 다른 활동에서는 아무도 그를 속박하지 않았다. 예컨대 그는 여러 음악을 섞은 세속적 음악회를 열기도 했는데, 이것은 오늘날의 교향곡 음악회의 전 단계로 볼 수 있을 것이다. 그는 1768년에 벌써 이런 음악회를 엘베 강 섬의 콘서트홀에서 개최할 수 있게 관청의 허락을 받고, 그 음악회에서 자기가 직접 쳄발로도 연주하였다. 그는 통상 5시에서 8시 사이에 열리는 이 음악회를 예약공연 리스트에 올렸다.

이 새로운 시도가 즉시 성공을 거두었는지는 오늘날 확인할 길이 없다. 그렇지만 이후 몇 년 동안 이따금씩 청중에게 순수한 기악음악 프로그램을 들려주는 연주회가 열린 것은 사실이다. 1776년 8월, 40여 명으로 편성된 오케스트라가 에마누엘 바흐의 신작 교향곡 네 곡을 연달아 소개하였는데, 그 행사가 공공적 성격의 음악회였는지에는 의문이 든다. 대규모 청중은 이렇게 한 장르의 음악만 집중적으로 들려주는 음악회에 쉽게 감동하지 않기 때문이다. 에마누엘 바흐는 12개 오블리가토 성부의 이 교향곡들을 가리켜 아주 겸손하게 "내가 작곡한 같은 유형의 작품 중에서 가장 훌륭한 것"이라고 말하였다.[85] 실제로도 이 작품들은—간혹 거친 면이 있지만—독창성과 섬세한 관악기 처리에서 호감을 준다. D장조의 첫 번째 교향곡 Wq183/1은 제1주제에서 벌써 어떤 놀라운 순간들이 듣는이를 기다리고 있는지

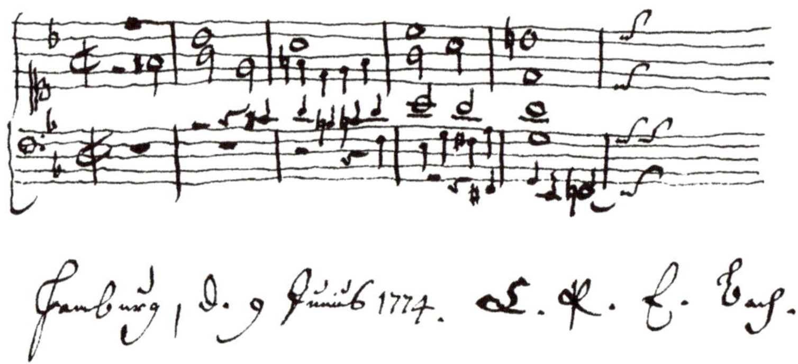

카를 프리드리히 크라머를 위해 에마누엘 바흐가 방명록에 남긴 것이다. B-A-C-H의 음렬이 본래 형태로 소프라노에, 제2테너 성부에 전위되어, 전위 및 역행 형태로 알토와 제1테너, 베이스에 나타나고 있다.

예감하게 한다. 이 주제는 기본적으로 점점 빨라지며 반복되는 단 하나의 음으로 이루어졌다. 그보다 3년 전, 반 슈비텐 남작이 위촉하여 작곡한 여섯 곡의 콰르텟 심포니(Wq182 H657~662)도 못지않게 흥미롭다. 당시에 반 슈비텐 남작은 에마누엘 바흐에게 상상력을 억누르지 말라고 신신당부했었다.

에마누엘 바흐는 이미 베를린에서 독주악기와 오케스트라를 위한 협주곡을 30곡 넘게 작곡했는데, 이 때 독주악기로 특히 쳄발로를 선호하였다. 그런데 프리드리히 2세가 이 협주곡을 마음에 들어 했다는 증거가 없으니 왕이 이것을 다 들었을 가능성도 거의 없다. 그렇지만 우리는 궁정에는 왕이 참석하지 않는 다른 음악회들이 있었고, 왕실 구성원들의 개인 악단들도 여러 형태로 연주 기회를 제공했다는 사실을 알아둘 필요가 있다. 그의 쳄발로 작품 가운데 처음으로 대중의 관심을 끈 것은 함부르크 시절에 작곡해 1772년에 출판한 쳄발로 협주곡 여섯 곡(Wq43)이다. 에마누엘 바흐는 이 작품들을 "가볍다"고 자평하며 오케스트라 없이도 연주할 수 있도록 배려하였다.

"무슈, 저는 디드로*라는 프랑스인입니다. 프랑스에서 어느 정도 인정을 받고 있는 작가입니다. 드라마를 몇 편 쓰기도 했는데, 혹

---

*　드니 디드로(1713-1784)는 그 시대의 모든 학문, 예술, 기술을 집대성한 『백과전서』의 편집자였다. 루소, 몽테스키외 등을 끌어들여 1751년 그 첫 권을 펴냈으나 왕실이 이를 금서로 정하자 마지막 권은 1772년에야 비밀리에 출간했다. 그가 경제적 곤경에 처했을 때 러시아의 예카테리나 여제가 도움을 주었다. 그는 사적인 편지를 종종 신문, 잡지에 공개하기도 하였다.

시 선생께서 「한 집안의 아버지」라는 작품을 아실지도 모르겠습니다. 저는 『백과전서』의 편집자이기도 합니다. 저는 요한 (크리스티안) 바흐 씨의 숭배자이고, 선생의 곡을 연주하는 제 딸을 통해 오래전부터 선생의 음악에 감탄하고 있습니다. 제 딸은 무남독녀 외동인데, 클라비어를 썩 잘 칩니다. 전문 음악가가 아니면 잘 모르는 화성학도 꽤나 잘 압니다. 요한 (크리스티안) 바흐 씨가 런던에서 이 아이에게 클라비어를 보내주실 때 직접 작곡한 소나타도 함께 보내셨답니다." 이 유명한 계몽주의자는 상트페테르부르크에서 특급 우편마차를 타고 함부르크에 도착하자마자 1774년 3월 30일 자로 이 편지를 썼다. 즉시 프랑스어 원문으로 함부르크 신문 『코레스폰덴트Correspondent』에 실린 이 편지에서 말하고 있듯이, 그는 "모피 코트 안에 달랑 집에서 입는 옷만 걸치고 있었는데, 그렇지만 않았다면 에마누엘 바흐처럼 유명한 분을 만나 뵐 기회를 놓치지 않았을 것이다."[86] 그래서 그는 딸에게 줄 미출판 클라비어 소나타를 구하는 부탁을 배달부를 통해 전해야 하였던 것이다.

디드로는 오래전부터 에마누엘 바흐의 음악에 감탄해 온 터였다. 1760년대에 쓴 풍자소설 『라모의 조카La Neveu de Rameau』(1805년 괴테가 독일어로 번역하여 출간됨)에서 그가 음악에서 기대하는 바를 써 내려간 부분은 비록 오페라에 관한 글이지만 실제로는 에마누엘 바흐의 클라비어 즉흥연주를 염두에 둔 자신의 소견일 것이다. 그는 "열정은 강렬해야 한다. 서정적인 시인과 음악가의 섬세함은 극단적이어야 한다. […] 우리에게는 외침, 감탄, 생략, 중단, 긍정, 부정이 필요하다. 우리는 외치고 애원하고 소리치고 탄식하며 눈물을 흘리

고 또 진심으로 웃는다"라고 쓰고 있다.[87]

디드로의 요청을 받은 에마누엘 바흐의 반응은 호의적이었다. 자신의 E장조 소나타(Wq 65/29)도 필사하라고 건네주었으니 말이다. 그런데 이 프랑스인은 자기가 완전히 무시당했다고 여겼는지 다음과 같이 두 번째 편지를 썼다. "선생께서 저를 모르고 계시니 제가 부끄럽게 되었습니다만 이제 예의에 어긋나더라도 조금 덜 겸손하게 말씀드려야 할 것 같습니다. 그럼 제 소개를 하지요. 저는 결코 무명인이 아닙니다. 선생처럼 유명인사까지는 아닐지 모르겠으나, 무명인은 아니지요. 저는 선생의 제안을 받아들이겠습니다. 이 작업에 사보가를 한 명, 필요하시다면 두 명을 투입하시지요. 모든 비용은 제가 기꺼이 치르겠습니다. 전에도 말씀드렸지만, 만약 작품에 대한 사례비를 원하신다면 이 곳의 한 상인이 대신 지불할 것입니다. […] 저는 선생께서 약속해 주시리라 믿겠습니다. 천재성만 중요한 게 아닙니다. 자신의 말을 정확히 지키는 일도 중요하지요."[88]

당시에 에마누엘 바흐는 노이슈타트 풀엔트비테에 있는 마나르디의 집에서 살고 있었다. 그 집에서 에마누엘 바흐를 만난 찰스 버니는, 그가 "키는 그리 크지 않고" "검은 머리와 눈, 갈색 얼굴, 생기 있는 표정"에 "성격이 쾌활하고 명랑하다"라고 묘사하고 있다.[89] 1774년부터 에마누엘 바흐와 친분을 쌓아 온 요한 하인리히 포스 역시 그는 "키가 작고 뚱뚱한 체구로, 눈은 강렬하며 생기가 넘친다. 특히 사람들에게 호의적이고 친절하다"라고 설명하며, "에마누엘 바흐는 독일인들이 탁월하고 참되며 진지한 음악을 갖고 있기에 자신이 독일인임을 자랑스러워한다"라고 써놓았다. 괴팅엔의 '작은 숲 동맹'* 청년 단원 포스는 에마누엘 바흐로부터 점심식사 초대를 받아 그가 호스트로서 "수다스러운 아내와 예쁘지는 않지만 됨됨이가 바른 딸, 그리고 학사인 아들까지 불러 좋은 포도주와 맥주로 손님들을 융숭하게 대접하는" 모습을 보았다. 에마누엘 바흐는 "음색이 환상적인 포르테피아노를 연주해" 주고 나서 손님들을 "함부르크 근교의 유원지 라베로 데려가 다 같이 커피를 마시며 볼링도 치고, 베를린 이야기에 아버지 바흐 이야기까지, 재미있는 이야기들을 들려주었다."[90]

물론 에마누엘 바흐가 친절하고 상냥한 사교가였던 것만은 아니다. 신경질적인 성격, 여러 번 겪은 불행한 시기, 잦은 병치레 등은 그의 마음속 깊은 곳에 해결되지 않는 여러 문제들이 끓고 있었음을 말해 준다. 게다가 이 대가는 비판에 민감하였다. 그리고 돈에 관한 일에서 고집이 세고 때로는 쩨쩨하기까지 하였다. 그러면서도 한편으로는 홀로 된 이복여동생 엘리자베트 알트니콜과 형 빌헬름 프리데만을 오랫동안 도와주는 너그러운 면이 있었다.

믿을 만한 소식통인 포스에게로 돌아가 보자. 포스는, 에마누엘 바흐가 자주 자신을 찾아오는 클롭슈토크에게 "대★ 요제프 곁에 있으니 음악을 위해서도 도움을 좀 달라"고 부탁하는 자리에 함께 있었다. 에마누엘 바흐는 이 말을 건넬 때 클롭슈토크가 요제프 2세에게 헌정한 대성공작 『헤르만의 전투』를 넌지시 언급하면서 '빈 계획

<hr>

* 작은 숲 동맹Hainbund은 1772년 괴팅엔 대학 학생들이 결성한 문예활동 그룹이다. 자연을 사랑하고 질풍노도의 사조를 따르며, 클롭슈토크를 리더로 여겼다.

Wiener Plan' 이야기도 곁들였다. 클롭슈토크는 1786년에 오스트리아의 통치자이자 미래의 독일 황제에게 학술 아카데미 설립과 불법 인쇄 방지를 위한 제국인쇄소를 만들자는 '빈 계획'을 제안하였다. 그 계획이 무산되자 그는 자신의 생각을 학자의 나라라는 유토피아적 아이디어로 발전시키고 이를 「독일 지식인 공화국」을 통해 소개하였다. 이를 계기로 에마누엘 바흐는, 봉건적 권력으로부터 자유로우면서 또한 계몽화된 사회에서 예술가와 학자들에게 적절한 영향력과 정당한 존중이 보장되는 체제 구상에 본격적으로 관심을 갖게 되었다. 포스는 이런 대화에 참여할 수 있다는 사실에, 또 "영원불멸의 존재로 남을 두 인물이 함께 있는 것을 지켜보는 것만으로도" 황홀해하였다.[91]

에마누엘 바흐는 실로 놀라운 인물이었다. 그는 분명히 선구자적 음악가들 가운데 한 사람이었으며 작곡가로서뿐만 아니라 광범위한 예술가 사회에서, 그리고 문학가와 신학자 그룹에서도 중심 역할을 한 최초의 음악가였다. 이런 정도까지의 변화는 음악이 낭만주의 시대로 들어서기 전에, 즉 감정양식의 시대에 이르러 이미 여러 예술 장르 사이에서 그 위상이 특별히 높아졌기에 가능하였다. 에마누엘 바흐는 여기에 본래부터 가진 본인의 장점을 보태었다. 그의 교양과 예술 전반에 대한 감각, 책임감, 조직력, 성취욕, 한없는 근면함이 그것이다. 민족적 자긍심도 필요한 만큼 힘을 발휘해 이제 그는 적어도 북독일 지역에서만큼은 당대 최고의 바흐가 되었다. 그는 그렇게 동시대인들의 기억에서 아버지 바흐의 이름을 지워 버렸다. 예컨대 뷔르템베르크의 성직자이자 음악미학자인 카를 루트비히 융커가 쓴 글을 보며 우리는 이것이 정말로 요한 제바스티안 바흐가 아니라 그의 아들 에마누엘의 음악을 뜻하는지 확인하려고 한 번 더 들여다보게 된다. "독일의 독창적인 작품들은 어떠해야 하는가. 견고하고 철저하며, 신중하고 깊이 숙고되어 있어야 한다. 또한 한 조직체가 지니고 있는 영속적 특징을 갖춰야 하고, 아름답지만 아름다움이 최종 목적이 되어서는 안 된다."[92]

에마누엘 바흐가 만년에 이르러 말한 두 가지 발언은 매우 독특한 것이어서 흥미롭다. 그는 앞에서 언급한 포르켈의『일반음악사』에 대한 평론에서 "이렇게 자주 칭송받는 옛 음악의 효과"가 과연 그 "본질"에 근거하는지 의심하였다. 그는, 이런 효과들이 단순한 전설이 아니라면 이것은 본질이라기보다는 "부수적 상황들"에서 나온 것일 수 있다고 본다. 여하튼 그는 "현재의 음악이 새로운 입법자들의 마음에 들려면, 음악의 공적 사용이 현명한 감시 하에 있어야 하고, 그럼으로써 음악의 힘이 단순히 여흥에 그치는 것이 아니라 종복들의 윤리교육에까지 영향을 미칠 수 있도록" 그런 효과를 내야 한다고 주장하였다.

여기에서 다시 한번 에마누엘 바흐의 박애주의자적 모습이 드러난다. 그 역시 클롭슈토크처럼 "인간 개개인의 행복과 즐거움"을 증진시키고 보편적인 인간 교육에도 관심을 갖는 정치를 소망하는 박애주의자였다.[93] 한편, 에마누엘 바흐는 오로지 자신만의 재능과 업적으로 음악계에 기여했다고 믿을 만큼 자의식이 강한 사람이었다. 하지만 자신의 뿌리는 잊지 않았다. 그를 숭배하는 버니가 오르간 푸가 창작에서는 헨델이 요한 제바스티안 바흐를 능가했다고 주장하자 그는 즉각 『일반 독일문고Allgemeine deutsche Bibliothek』에 익명의 반박문을 보내어 아버지를 옹호하기도 하였다. 무지에서 비롯된 그 주장에 이 아들은 아니라고 고개를 가로저을 수밖에 없었을 것이다. 에마누엘 바흐가 노년에 이르렀음을 보여 주는 이 두 가지 발언에 어울릴 만한 작품이 두 곡 있다. 그 둘 가운데 환상곡 f샤프단조(Wq 67)가 더 유명한데, 아예 제목을 "에마누엘 바흐의 감정들"이라고 하고 "매우 슬프고 아주 느리게"라는 연주지시를 달아 놓았다. 이 곡은 당시 73세에 이른 에마누엘 바흐가 죽음을 의식하며 쓴 작품으로, 클라비코드 독주를 위한 원본은 개인적이고 은밀한 분위기를 물씬 풍긴다. 반면에, 하이든도 알고 있던 쳄발로와 바이올린을 위해 편곡된 작품 Wq 80은 B장조의 유화적인 새 종결부를 갖고 있고, 특정 청중을 위한 음악이다. 먼저 작곡된 클라비어 환상곡들은 모두 그의 클라비어 연주 지침서에서 밝힌 바대로 감정을 자극하거나 달래려 했었다. 그러나 이제는 삶과 창작이 뚜렷이 하나가 된다. 이 노老 작곡가는 이제 과감하게 감정미학과 천재미학의 합合을 끌어내면서 거칠고 긴 비탄의 노래를 부른다. 이 음악에서는 변덕스런 성격의 자의식 강한 천재의 모습은 잠시만 비칠 뿐, 노년에 이른 한 예술가가 자신의 마지막 이야기를 감동적으로 들려주고 있다.

　이 작품들은 즉흥적 성격의 음악인데도 우아한 단순성보다는 "고도로 정교한 작법"을 보이며 "혼란이나 놀람"의 효과를 낸다.[94] 그저 유머러스하고 사교적일 수만은 없었던 한 남자의 삶의 결과가 이렇게 표출된 것일까? 이 음악을 대하며 우리는 "비탄의 노래Arioso dolente" 또는 "지치고 슬픔에 젖어ermattet, klagend"라는 연주지시를 가진 베토벤 후기 피아노 소나타 Op.110을, 때로는 후기 현악 사중주들마저 떠올리게 된다. 이 작품들에는 이렇게 음 환상력visionäre Kräfte이 있다. 에마누엘 바흐의 이 음악은 이 환상 효과를 통해서 아버지 바흐가 그가 태어난 후 어느 해엔가 쓴 〈반음계적 환상곡〉(BWV 903)으로부터 시작된 역사의 한 부분을 매듭짓는다. 부언하자면, 한스 베르너 헨체는 1982년 에마누엘 바흐의 마지막 클라비어 환상곡을 플루트와 하프 그리고 현악기를 위한 곡으로 개작하는데, 이 때 자신의 오페라《영국 고양이Die englische Katze》의 기본 개요에 관한 글을 쓰면서 "이 오페라는 에마누엘 바흐나 하이든의 건반악기 소나타들처럼 음정 관계에서는 감정으로 충만하고, 형식상으로는 다감주의이면서, 동물들의 영혼처럼 신비롭고 다채롭다"라고 밝혔다.[95]

　에마누엘 바흐가 세상을 뜬 해인 1788년에 베를린의 사라 이치히-레비를 위해 작곡한 것으로 추정되는 포르테피아노, 플루트, 비올라 그리고 첼로를 위한 사중주 세 곡(Wq 93~95)[96]은 에마누엘 바흐가 한 시대를 마무리 지었을 뿐 아니라 마지막까지 '실험적 자세'라는 원칙에 충실했음을 다시 한번 확인시켜 준다.[97] 에른스트 프리츠 슈미트(1904~1960)가 이 작품들을 두고 "빈 고전주의 양식을 향한 완벽한 돌파"라고 진단한 것은[98] 에마누엘 바흐를 어떻게든 빈 고전주의 가까이로 끌어오려는 의도에서였다. 물론 이것이 무리한 시도라는 염려가 전혀 없지는 않았다. 실제로 이 "위대한 바흐"는 역사의 흐름 속에서 위대성을 잃었다. 생전의 그는 창작 능력이나 다재다능함, 유머와 심원함, 예술가로서의 책임감, 자기표현과 상품화의 재능에서 하이든에 능히 필적할 수 있었는데도…….

그런 그가 이처럼 하이든이나 모차르트, 베토벤과 다르게 취급된 까닭은 무엇인가? 이 물음에, 아버지와 아들 두 음악가를 모두 위대한 인물의 반열에 올린다는 게 거북스럽고, 결국 한 사람에게로 기울 수밖에 없었을 것이라고 피상적으로 답할 수도 있겠다. 하지만 궁극적 요인은 역시 근본적인 데에 있다. 천재의 시대에 에마누엘 바흐를 의미 있게 만든 것은 그의 개성, 베르테르식 열정, 루소와 클라우디우스의 정신에 의거한 단순성, 호도비에츠키* 같은 화가의 예술성을 알아보는 날카로운 통찰력, 프랑스 백과전서파의 사상과 상통하는 실험적 호기심이었다. 이 하나하나는 절대주의적 사고를 받아들이는 데 지친 시대가 추구한 개인성에 부합하는 요소들이다.

그렇지만 예술은 특유의 긴장상태를 원숙한 형태로 품고 있어야만 역사에 길이 남는 신화가 되는 법이다. 개인적인 것과 보편적인 것, 내용과 형식, 감성과 이성 사이의 긴장상태 말이다. 음악의 흐름상 충분히 그럴 수 있었는데 에마누엘 바흐에서 초기 낭만주의로 이어지지 않은 것은, 다시 말하자면, 서로 접해 있는 이 동질적 두 블록 사이에 빈 고전주의가 끼어든 것은 음악의 역사가 만들어 준 귀중한 선물이었다. 에마누엘 바흐와 그 추종자들에게는 음악의 표현력과 효과의 힘이 가장 중요했다면, ─모든 예술의 규칙을 따르며─그 음악을 만드는 주체는 역시 인간이었다. 반면 빈 고전주의 음악의 근간

---

*   호도비에츠키(1726-1801)는 폴란드 태생으로 베를린에서 활동한 화가다. 에마누엘 바흐와 친했고, 베를린 예술아카데미 원장이었다.

은 질서와 표현, 실체와 효과의 변증법이었다. 그렇다고 아들 바흐에게 전통의식이 부족했던 것은 아니다. 이 점에서 그는 아버지의 훌륭한 상속자였다. 그럼에도 그는 감각주의의 후예로서 매우 조심스럽게 아버지의 역사 깊은 작곡 방식과 거리를 두었다. 그런데 모차르트와 특히 베토벤은 이 아들이 아닌 아버지 바흐에 의지하면서 미래를 향한 드넓은 전망을 새로이 제시하였던 것이다.

어언 일흔셋이 된 에마누엘 바흐는 천문학자이자 음악 애호가인 요한 히에로니무스 슈뢰터에게 보낸 1787년 11월 4일 자 편지에 "이제 저는 청중을 위한 일에서 손을 떼고 펜을 내려놓으렵니다"라고 썼다.[99] 그가 이런 말을 한 게 처음은 아니었지만 결국은 이것으로 마지막이 되고 말았다. 에마누엘 바흐는 다음 작품을 작곡하는데 필요한 청중의 호응을 더 이상 얻지 못하였다. 그리고 마지막 작품까지 이미 완성해 놓았으니 그는 자신의 권태를 그저 방임하였다. 에마누엘 바흐는 세상을 뜨기 3주 전에 자기를 따르는 요한 야코프 하인리히 베스트팔에게 "발의 통풍을 비롯해 여러 질환으로 많이 아팠다"는 소식을 전하였다.[100] 병세가 나아지리라는 희망을 품기도 하였으나 그는 1788년 12월 14일에 숨을 거두고 말았다. 가족들은 사인을 흉부질환, 혹은 부패열이라고 밝혔지만 에마누엘 바흐는 실은 서른 즈음부터 통풍에서 오는 통증으로 늘 괴로워하였다. 그는 함부르크 미하엘 교회에 안장되었다.

에마누엘 바흐의 유물 가운데 그가 꾸준히 모아 둔 상당수의 음악가 초상화와 아버지의 수많은 자필보가 눈길을 끈다. 아버지의 유물을 힘닿는 대로 모아 소중히 간직해 온 것은 그의 무시할 수 없는 공로다. 그의 수고가 없었다면 우리는 요한 제바스티안 바흐의 작품 가운데 거의 절반 정도는 모르고 있을 것이다.

요한 프리드리히 라이하르트는 『음악예술지Musikalische Kunst magazin』에 실은 추모문에서 에마누엘 바흐의 "완벽한 예술"에 찬사를 보냈다. 클롭슈토크는 기념비의 비문을 지었는데, 그의 마지막 헌사는 다음과 같다. "말에 의지하는 음악에서 위대하였고, 말이 없는 대담한 음악에서 더욱 위대하였다."[101] 함부르크에 세우기로 한 이 기념비는 결국 건립되지 못하였지만 이미 1783년, 그러니까 에마누엘 바흐 생전에 귀스트로의 '음악협회'가 오케스트라석에 일종의 기념비를 세워 그에게 경의를 표하였다.[102] 법률가이자 음악 애호가인 한스 아돌프 프리드리히 폰 에쉬슈트루트가 집필하겠다고 한 전기 역시 출판에 이르지는 못했으나 1784년에 그는 "음악예술의 첫 고전주의자"를 이렇게 칭송하였다. "그의 영혼은 메마르지 않는 생각의 바다였다. 무한한 대양이 전 지구를 에워싸듯이, 그리고 수천의 강줄기가 대양으로 흘러들듯이 에마누엘 바흐는 예술의 전 분야와 그 심원한 곳까지 관류하고 아우른다."[103]

그의 이름은 이미 1781년부터 대규모 시민음악회를 위한 라이프치히 게반트하우스 연주 홀의 천정화에서 빛을 발하기 시작하였다. 아담 프리드리히 외저가 그린 그 천정화에는 공중을 떠다니는 정령이 책을 펼쳐 들고 있는데, 그 책에 '바흐'라고 쓰여 있고 이는 이 둘째 아들을 의미하였다. 그 천정화는 오래전에 사라졌지만 오늘날 우리는 오르간 위에 새겨진 또 다른 글귀를 볼 수 있다. "Res severa est verum gaudium"으로 "진정한 기쁨은 진지한 문제이다"*라는 뜻이다. 이 두 증거물은 에마누엘 바흐가 어떤 업적으로 적어도 당대 북독일에서만큼은 음악영웅으로 대접받게 되었는지를 명확하게 보여 준다. 그는 시민적 예술관에 동조하였다. 이 예술관은, 천재적이되 혼란스럽지 않고 성실하게 세상 일을 해나가고 사교적이면서 실무능력이 있는 사람을 이상으로 여긴다. 이 이상적인 인간은 독창성을 발휘하여 소통 능력과 품위, 자기주도라는 가치 위에서, 자아발전을 꾀하는 시민들의 공통적인 관심사인 사회교육과 도덕적 향상을 도모한다.

다른 시각으로 보자면, 시민적 성향이 강했던 18세기 영국에서는 새프츠베리**를 통해 '비르투오소'의 르네상스적 이상이 새롭게 부상하고, 그러면서 도덕성과 예술을 이해하는 능력, 탁월한 기술적 그리고 장인적 역량을 모두 갖춘 사람은 자신을 비르투오소라 칭할 수 있게 되었다. 그렇다면 런던에서도 명성이 높았던 에마누엘 바흐는 충분히 비르투오소라 불릴 만하였다.

진심으로 절대주의의 속박으로부터 자유로워지고자 하는 사람들은 귀족적 오페라의 화려함이나 떠돌이 비르투오소들의 효과 지상주의, 이탈리아 양식의 천박한 코믹을 경멸하였다. 그러면서 점차 자연스러움에 대한 진부한 생각에 빠지지 않고 음악에 개성적인 일탈

---

[*]　세네카(BC4?-AD65)가 남긴 말이다. 라이프치히에 시민을 위한 음악회장 게반트하우스가 건립될 때 무대 위쪽에 새겨 넣은 경구다.

^{**}　영국의 귀족가문으로, 특히 제3대 섀프츠베리 백작 앤터니 애슐리 쿠퍼(1671-1713)는 영국의 사상사에서 중요한 인물이다. 존 로크의 제자였고, 영국 계몽주의 운동에 큰 영향을 미쳤다.

을, 에마누엘 바흐의 클라비어 작품에 흔히 나타나는 그런 일탈을 허용하였다. 또한 그들은 단순하면서도 명료한 작품을 즐겼다. 좋은 것들을 지나치게 많이 넣지 않고서도 고상함이 빛을 잃지 않고 우아함이 사라지지 않는 창작을 선호한 것이다. 음악은 노동 후의 즐거움이자 상쾌함이고, 삶의 격랑 속에서 맞이하는 명상의 순간이며 신을 향한 찬미의 순간이라는 사실에는 변함이 없기 때문이다.

이 모든 것들에는 정치, 민족, 종교라는 3요소가 함께 작용한다. 정치적으로, 에마누엘 바흐는 아나크레온파 시인인 글라임, 계몽주의자 레싱과 동시대인이자 친구였다. 레싱은 그저 꽤히 진보적인 도시국가 함부르크에서 독일의 민족극장 건립을 추진하고 『에밀리아 갈로티』로 군주의 전횡에 대항하는 격렬한 격문을 쓴 게 아니다. 에마누엘 바흐는 오랫동안 궁정에서 일했고 나중에도 그 사실을 전혀 부끄러워하지 않았지만, 그럼에도 불구하고 그가 한 발언들을 되짚어보면 그 역시 계몽주의자였음에 틀림없다. 그가 베를린 시절의 클라비어 소나타에서 다루는 것들도 당시 절정에 달한 궁정풍의 유려함에 물든 전통적 취향에 대한 반발로 해석될 수 있다. 여기에 민족적 요소도 작용한다. 독일인들만이 "진정한 기쁨은 진지한 문제"라는 모토를 예술로 승화시킬 수 있기 때문이다. 당시 독일의 음악미학 책들에는 사람들이 프랑스와 이탈리아 음악에 지겨워하고 민족적 영웅을 갈망하고 있다는 게 곳곳에 암시되어 있다. 그리고 이러한 민족적 영웅으로 에마누엘 바흐를 지목한다. 한편, 그의 작품에서 종교적 요소역시 과소평가될 수 없다. 물론 이 종교적 요소는 교회에 몸담았던 아버지의 경우처럼 그렇게 넘칠 수는 없고, 결코 신에게 다가가는 길로

고트홀트 에프라임 레싱이 음악적 논제들에 관해 상당히 전문적으로 답변할 수 있었던 것은 함부르크의 바흐 덕분이었을 것이다. 당시에는 바흐가 레싱보다 더 유명하였다. 동시대인들은 종종 에마누엘 바흐의 천재성을 셰익스피어에 견주곤 하였다. 물론 셰익스피어 숭배자인 레싱도 그렇게 생각했는지는 알 길이 없다. 하지만 분명한 것은 두 사람 모두 민족적 예술에 대한 책임감을 느꼈다는 사실이다.
안톤 그라프의 그림, 1771.

이해될 수도 없다. 이 정열적이고 미래지향적인 세대에게 음악은 궁극적으로 인간 자체에 깃든 신성神性의 축제였다. 음악은 그들에게 인간이 어떻게 합리적 구속 안에서 심오하고 감성적이며 의미심장한 자기표현을 이루어 내는지, 그 길을 가르쳐 주었던 것이다.

Johann Christoph Friedrich Bach

초라한 비르투오소:
요한 크리스토프 프리드리히 바흐

바흐의 이 유명한 셋째 아들이 라이프치히에서 어떤 유년기를 보냈는지 우리는 자세히 알지 못한다. 요한 크리스토프 프리드리히 바흐(이하 프리드리히 바흐)는 1732년 6월 21일, 하이든보다 3개월 늦게, 요한 제바스티안 바흐의 열여섯째 아들이자 안나 막달레나의 아홉째 아들로 태어났다. 그가 무엇인가 배울 만한 나이가 되었을 때, 이복형 빌헬름 프리데만, 카를 필리프 에마누엘, 요한 고트프리트 베른하르트는 각기 독립해 분가한 뒤여서 부모는 다시 한번 아들의 음악 교육을 직접 세심하게 살필 수 있었다. 이 부모의 교육 외에도 친척 형인 요한 엘리아스 바흐가 프리드리히와 약간 지적 장애가 있는 여덟 살위의 형 고트프리트 하인리히를 위해 "꼭 필요한" 공부를, 탄탄하게 성심껏 가르쳐 주었다.[1] 안나 막달레나를 위한 두 번째 《작은 클라비어곡집》 끝부분에는 콘티누오 연주를 위한 규칙들이 적혀 있는데, 이것은 프리드리히가 먼저 일부를 적고 그 다음에 어머니가 아주 상세하게 열다섯 가지로 요점 정리해 놓은 것이다.[2]

당시 프리드리히 바흐는 아직 클라비어를 배우는 중이었지만, 훗날 큰형 빌헬름 프리데만은 그가 네 형제 가운데 "가장 훌륭한 연주가"이고 특히 "아버지의 클라비어 작품을 가장 노련하게 연주한다"고 말하였다.[3] 아버지 바흐가 생전에 이 셋째 아들에게 건반악기

하나를 미리 유증한 데에는 그럴 만한 이유가 있었던 것이다.

때때로 이 아들은 사보 일을 도왔다. 그래서 결혼 칸타타 〈의로운 이 앞에 빛이 트이고〉(BWV 195)의 파트보에서는 아버지 바흐의 필적과 함께 이 아들 것도 눈에 띈다. 그런데 프리드리히는 일찍 시작한 법학공부를 계속할 수 없게 되었다. 아버지의 죽음이 의식되는 분위기에서 그는 우선 생계를 위한 일자리를 찾아야 했기 때문이다. 다행히 뷔케부르크에 한 자리가 났다. 1748년 뷔케부르크에서는 24세에 이른 빌헬름 폰 샤움부르크-리페 백작이 통치권을 쥐자 바로 궁정의 편제를 새로 짜는 일에 착수하고 있었다.

이탈리아 음악 애호가인 백작은 유능한 음악가들을 충원하고자 서둘러 이탈리아로 향하였다. 그리고 새로 조직된 궁정 악단의 감독으로 베네치아 출신 바이올리니스트 안젤로 콜론나를 임명하였다. 이 곳 궁정 악단은 당시에는 군악대원으로 분류되던 '오보이스트'들

게오르크 다비트 마티외의 이 유화(1775년에 완성된 것으로 추정)가 프리드리히 바흐의 초상인지에 대해서는 다소 논쟁의 여지가 있다. 그래도 에마누엘 바흐나 요한 크리스티안 바흐와 닮은 구석이 있기는 하다.

을 포함해 대략 열다섯 명으로 구성되어 있었다. 궁정 작곡가 자리에는 오페라 작곡가 발다사레 갈루피의 제자이자 콜론나와 동향인 조반니 바티스타 세리니가 임명되는데, 그는 백작을 위해 교향곡과 협주곡, 아리아 등을 열심히 작곡하였다.

1748년 가을, 16세 소년 요한 크리스토프 프리드리히 바흐는 한 친구의 기념첩에 "음악, 우리의 사랑이여"라는 제목으로 흥미로운 글귀를 적었다. "그대가 정말로 누가 친구인지 알고 싶다면, 우선 그의 취한 모습을 봐야 한다. 두 번째로, 분노가 불같이 타오를 때 혹은 약해질 때 그를 지켜봐야 한다. 세 번째로, 불행이 그대를 곤경에 빠뜨릴 때 우정이 견고한지를 살필지어다."[4]

빌헬름 백작은 프리드리히 대왕의 궁정을 방문했을 때 자기도 요한 제바스티안 바흐의 아들을 한 명 채용해야겠다고 결심했던 모양이다. 1749년 말에 그의 이런 마음이 담긴 편지가 "귀한 선물"과 함께 라이프치히의 아버지 바흐에게 도착하였다.[5] 이에 아버지는 프리드리히가 당분간은 생계 걱정 없이 잘 지낼 수 있겠다는 생각에 매우 흡족해하며 두 말 없이 열일곱 살 된 이 아들을 뷔케부르크로 떠나보냈다. 아들 가방에는 어머니의 사랑이 듬뿍 담긴 글귀가 적힌 성경*과 아버지가 직접 작성했으나 다른 사람이 달필로 쓴 편지가 들어 있었다. "이렇게 소인의 아들을 보내면서, 이 아이가 고귀하신 백작 전하의 자비로움에 온전히 부응할 수 있기를 바라옵니다."[6] 1750년 1월 3일, 이 신참 궁정 쳄발리스트는 백작의 내탕금에서 3개월 월급으로 25탈러를 받았다.

뷔케부르크의 통치자는 자신이 본보기로 삼은 프리드리히 대왕

* 성경 앞 장에 어머니가 적어 준 글 내용은 이렇다. "끊임없는 기도와 그리스도인다운 신심을 지키라고 사랑하는 아들에게 이 성스러운 책을 준다. 안나 막달레나 바흐, 빌케. 너를 항상 마음에 담고 있는 충실한 엄마가. 1749년 12월 25일, 라이프치히." 엄마한테 이 크리스마스 선물을 받고 며칠 후 프리드리히는 먼 뷔케부르크로 떠났다. Maria Hübner, *Anna Magdalena Bach*, Leipzig, 2004, 82쪽.

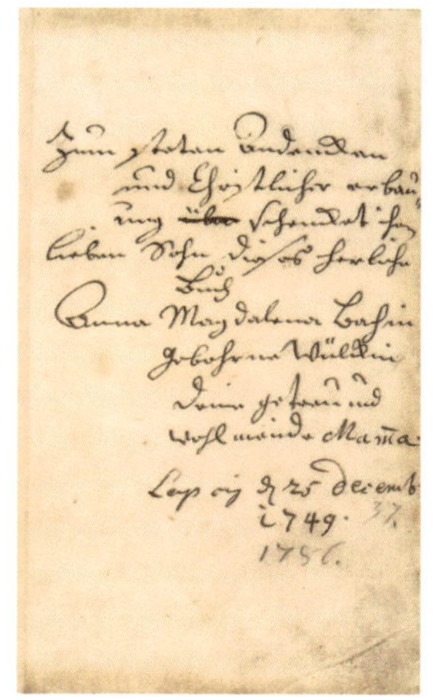

처럼 군대와 음악에 관심을 두었다. 군사학에 정통한 그는 국민개병제 도입에 관여하고 포술 연구에도 참여하였다. 7년전쟁에서는 영국과 포르투갈의 군대를 지휘하기도 하였다. 한편 그는 "완벽한" 클라비어 연주자였다.[7] 그리고 전투를 지휘하느라 궁정을 떠나 있을 때가 아니면 저녁연주회에서 악단을 지휘하곤 하였다. 하지만 그렇게 음악을 좋아하면서도 그는 회의가 길어졌다며 종종 저녁연주회의 시작을 늦추기도 하고 연주 중에 옆 사람과 대화도 하였다.

1751년 프리드리히 대왕이 궁정 쳄발리스트 에마누엘 바흐를 대동하고 빌헬름 백작을 방문했을 때 이 두 군주는 분명히 이탈리아 음악을 한껏 즐겼을 테고, 그동안에 두 이복형제는 자기들이 좋아하는 독일의 혼합취향에 비해 이 음악에는 어떤 가치가 있는지를 두고 이야기를 나누었을 것이다. 그때 형의 가방에는 빌헬름 백작에게 헌정할 작품이 들어 있었는데, 그 유명한 〈낙천가와 우울증 환자의 대화〉가 바로 그것이다. 그 즈음에 동생도 이미 노련한 작곡가로 성장해 있었다. 그런데 요즈음에 우리가 추측하는 대로, 그의 쳄발로 협주곡 E장조(BR C 37)가 1749년 라이프치히에서 작곡된 것이라면, 이는 놀라운 작품이 아닐 수 없다. 비록 아버지 바흐의 〈이탈리아 협주곡〉 전통이 간간이 감지되지만 그 완성도가 실로 놀랍다.

프리드리히 바흐는 1755년에 동갑인 루치아 엘리자베트 뮌히하우젠과 결혼하였다. 루치아 엘리자베트는 궁정 오르가니스트 루돌프 뮌히하우젠의 딸이다. 뮌히하우젠은 뷔케부르크 시민이자 주택 소유자여서 다른 동료들에 비해 가끔씩 닥치는 감봉이나 해고를 당할 걱정이 덜하였다. 그리고 백작은 이 신혼부부에게 민덴의 성문 앞 화원을 세금도 안 받고 하사하였다. 세리니 밑에서 정식으로 성악을 공부한 루치아 엘리자베트는 결혼 후에도 성악가로서 일을 계속하였다. 어쩌면 크리스토프 바흐의 칸타타나 오라토리오의 알토 성부는 그녀를 염두에 두고 작곡된 것일지도 모른다. 이 부부 사이에는 1772년까지 여덟 명의 자식이 태어나지만 그 가운데 딸 셋과 아들 하나만 부모보다 오래 살았다.

프리드리히 바흐는 차츰 다른 직장도 조심스럽게 알아보았다. 7년전쟁이 한창이던 1757년, 프랑스 군대가 뷔케부르크에 쳐들어오자 빌헬름 백작은 한동안 엘베 강 근처 닌슈테텐으로 피신해 있었는데, 백작과 함께 간 궁정 악단원 프리드리히 바흐는 이 때 함부르크 지역을 살펴볼 수 있었다. 다시 뷔케부르크로 돌아온 그는 당시 덴마크령이었던 도시 알토나의 하우프트교회 오르가니스트직에 지원하였다. 그는 그 도시에서 "견줄 자가 없는 오르가니스트이며 클라비어 대가이자 실력 있는 작곡가로"로 알려지면서 실제로 그 자리를 얻는 데 성공하였다.[8] 그러자 그의 뷔케부르크 주공은 그에게 "연봉 100탈러에 무료 식사, 주택, 땔감, 양초"를 제공하고, 악장 직위도 주겠다고 약속하였다.[9] 이런 제안과 함께 한편으로는 그래도 굳이 떠나겠다면 궁정 악단은 즉각 해체될 것이고, 그렇게 되면 장인과 친척들이 곤경에 처하게 될 거라는 협박도 덧붙였다.

알토나의 오르가니스트 자리가 실은 그다지 매력적인 것은 아니어서 그는 그 곳 분위기에서 자신이 더 자유로울 수 있을지를 놓고 길게 고민하지 않았다. 1759년 3월, 그는 알토나의 자리를 거절하고, 현재까지 규명되지 않은 이유로 이미 3년 전에 뷔케부르크를 떠난 두

화려하게 장식된 뷔케부르크성 황금홀의 입구.
17세기 초 요한 크리스토프 바흐가 활동한 곳이다.

이탈리아 동료의 직책을 이어받았다. 그는 이제 궁정 악단의 감독이 되었다. 하지만 카펠마이스터 직위와 급여를 받지는 못하였다. 따라서 그는 생활비를 벌기 위해 계속 싸워야 했다. 1761년에 그는 자신을 한껏 낮추고 이렇게 청원하였다. "고결하신 백작 전하께서 자비로서 소인에게 자선을 베푸시어 무상으로 양초를 하사하겠노라 말씀하셨나이다. 하오나 소인은 지금 사흘 쓰기에도 부족한 주당 네 자루만 받고 있사오니 전하께서는 주방으로부터 소인이 적어도 하루에 하나, 혹은 소인이 필요한 만큼의 양초를 얻을 수 있도록 자비로움으로 하명해 주시기 간청하옵니다. 깊은 존경심을 앞세워 바라오니 저의 이 청을 은혜로이 들어주옵소서."[10]

이와 비슷한 어조로 쓴 편지가 1771년의 궁정 사무국 문서에서도 발견된다. "황공하오나, 전하께서는 수년 전에 소인에게 배급되는 장작이 총 12평으로 제한되었음을 기억하고 계실 것입니다. 소인은 그 12평으로 꾸리도록 가계를 관리하였으나 그것으로는 난로 하나에만 불을 피울 수 있고, 그러다 보니 소인은 가족이 다 모여 있는 방에서 작업을 해야 하는 불편을 겪는 지경에 이르렀나이다. 존경하옵는 백작 전하께서는 음악을 창작한다는 일이 사람들이 북적대는 소음 속에서는 바라는 결과를 얻을 수 없음을 자비로서 잘 이해하시리라 믿사옵니다."[11]

바흐의 네 아들 : 1762년도 중간 결산 보고

요한 크리스티안은 나폴리에서 매혹적인 모험을 즐기고 큰 명성을 누리며 오페라《인도의 알렉산드로》를 성대하게 무대에 올렸다. 그런 다음 또 다른 성공이 기다리고 있는 런던으로 향하였다. 요한 크리스토프 프리드리히는 그 사이에 악장이 되고 땔감과 양초 공급이 충분하지 못한 가운데서도 열정적으로 작곡에 임하였다. 카를 필리프 에마누엘은 포츠담 궁정을 떠나고 싶은 마음이 굴뚝같았지만 바쁘게 활동했고, 그 결과 1762년 〈선율이 있는 송가〉, 〈선율의 이모저모〉, 그 유명한 클라비어 교습서 제2권이 출판된다. 빌헬름 프리데만은 공석인 다름슈타트의 궁정 카펠마이스터직을 두고 헤센의 방백과 협상을 벌였으나 할레의 직책이 전혀 즐겁지 않았음에도 결정을 내리지 못했다.

그 후에 프리드리히 바흐에게는 매년 장작을 3평 더 지급하라는 지시가 내려왔다 하니 우리는 다만 그가 가끔이나마 자기 방에서 아이들의 방해를 받지 않고 곡을 쓰게 되었기를 바랄 뿐이다. 그런데 맏딸이 스물한 살에 이르러 결혼하게 되자 그는 "여러모로 심하게 꼬인" 가계의 균형을 바로잡기 위해 100탈러를 가불해 달라고 다시 한 번 청원하여야 했다.[12] 이런 이야기들이 다소 촌스럽게 들릴 수는 있지만 그렇다 하여 프리드리히 바흐를 속된 현세주의자로만 보기에는 무리가 있다. 뷔케부르크의 종교국 평정관이자 음악 애호가인 카를 고틀리프 호르스티히가 요한 크리스토프 프리드리히 바흐를 기리는 추모문에서 아무 근거 없이 "마음씨 좋은 음악가의 올곧은 성격"을 칭찬하지는 않았을 것이다. 호르스티히는 "그는 아주 성실하고 선량한 사람이었다. 그래서 예술가들 가운데서는 보기 드문 부지런함과 친절함을 보여 준 것이다"라고 덧붙였다.[13]

우리는 프리드리히 바흐를 일개 말단 궁정 음악가로 치부해서는 안 된다. 그는 기회 있을 때마다 좁고 답답한 뷔케부르크에서 벗어나 넓은 세상으로 나가고 싶어 하였다. 1766년 10월 하노버의 호텔 겸 연주홀 '런던 솅케London Schänke'에서 음악회를 열었고, 그 프로그램에 이탈리아식 칸타타와 새로 작곡한 클라비어 협주곡을 올렸다.[14] 이듬해에는 명성이 높은 함부르크 칸토르직에 지원했으나 그 자리는 이복형 에마누엘 바흐의 차지가 되었다.

궁정의 업무는 결코 단조롭지 않았다. 그는 악단을 이끌어야 했고 레퍼토리도 관리하여야 했다. 백작이 선호하는 이탈리아풍의 음악은 대부분 인쇄된 악보나 다른 대가들의 필사본으로 조달되고 있었으나, 그렇지만 악장 자신도 클라비어 협주곡과 교향곡, 사중주, 삼중주, 솔로칸타타 등을 열심히 작곡하였다. 이 솔로칸타타 가운데 그 유명한 오페라 대본 작가인 피에트로 메타스타시오 가사의 작품도 다수 있었다. 하지만 그것들은 〈장애물L'Inciampo〉을 제외하고 모두 세인의 기억에서 사라지고 말았다. 이 작품들은 그의 주공을 위해 작곡한 음악으로, 당시의 관례에 따라 주공 소유여서 프리드리히 바흐가 스스로 나서서 널리 알릴 수도 따로 모아 보관할 수도 없었다. 실제로 빌헬름 백작은 1770년 메타스타시오 칸타타를 마음에 들어 해 본인이 직접 나서서 궁정 인쇄공 요한 프리드리히 알트한스에게 그 가사 일부를 인쇄하게 하였다.

남아 있는 그의 칸타타 〈장애물〉을 보면, 작곡기법적 측면에서 매우 흥미롭다. 프리드리히 바흐는 이 곡을 같은 가사의 요한 아돌프 하세 작품을 모델로 삼아 작곡하였다. 물론 그것은 표절이라고 할 수 없고, 당시의 보편적 관행이었다. 이렇게 인기 있는 작품을 새로운 작품의 출발점으로 삼아 원작의 기본 틀을 유지하면서 새로운 요소들로 구성해 가는 작업 방식은 당시로서는 특별한 일이 아니었던 것이다. 이 방식은 어릴 때 이탈리아 양식을 체득하지 못한 프리드리히 바흐 같은 작곡가들이 좀더 자신 있게 그 양식의 곡을 쓸 수 있는 안전한 길이었다. 뷔케부르크의 바흐는 이탈리아식 솔로칸타타 창작에서도 주목할 만한 발전을 보였다. 그가 악장으로 임명되자마자 작곡한 것으로 추정되는 아리아 〈사랑하는 빛이여, 울지 마오Luci amate, ah non piangete〉(BR G 1)는 마테오 카프라니카가 쓴 같은 제목의 곡을 편곡한 것이나 다름없지만 〈장애물〉에는 독립적인 면모가 꽤 많이 보인

프리드리히 바흐는 자신의 주공과 다만 형식적인 관계였으나 그의 부인과는 서로 마음이 통하는 사이로 훨씬 가깝게 지낸 것 같다. 빌헬름 백작과 마리아 바르바라 엘레오노레, 샤움부르크-리페 백작부인. 제2차 세계대전 중에 손상된 당대 화가의 초상화를 요한 게오르크 치체니스가 복제함.

다. 깊은 감동을 주는 칸타타 〈카산드라Cassandra〉(BR G 46) 역시 독창적이고 완전히 새로운 경지에 이르렀음을 보여 준다. 그래서 그보다 45년 전에 알레산드로 마르첼로가 같은 가사로 작곡한 음악은 다만 희미한 추억의 대상이 되고 말았다.[15]

프리드리히 바흐는 경건주의를 추종하는 젊은 리페-비스터펠트 백작부인 마리 바르바라 엘레오노레와 친분을 쌓았다. 그녀는 1765년 빌헬름 백작의 아내가 되어 뷔케부르크로 와 1776년 여름에 세상을 떠날 때까지 이 궁정의 삶에 세련된 감각과 종교적 감성을 불어넣었다. 아마도 그녀의 영향으로 프리드리히 바흐는 종교적 오라토리오 장르를 비롯해 당시에 꽤 인기가 높았던 요한 프리드리히 빌헬름 차하리에와 카를 빌헬름 람러의 대본에 관심을 갖게 되었을 것이다. 그는 그런 변화에 힘입어 1773년까지 《골고다의 순례자들Die Pilgrime auf Golgatha》, 《예수의 죽음Der Tod Jesu》, 《예수의 부활과 승천 Die Auferstehung und Himmelfahrt Jesu》, 《예수의 구유 옆에 선 목자들Die Hirten bei der Krippe Jesu》를 작곡해 낸 것이다. 여기에서 그치지 않았다. 뷔케부르크 궁정은 1771년부터 특별히 한 시인을 고용하여 종교국 평정관 요한 고트프리트 헤르더와 함께 그의 칸타타와 오라토리오 가사들을 당면한 행사에 맞춰 수정할 수 있게 하였다. 이런 면에서 보면, 《나사로의 소생Die Auferweckung Lazarus》은 1772년 초 쌍둥이 남동생의 죽음으로 인한 마리아 바르바라 엘레오노레의 상실의 아픔을 달래려는 헤르더의 배려라 할 수 있다. 헤르더가 "사랑스럽고 부드러우며 천사 같다"[16]고 묘사한 백작부인은 이 '성서 그림'으로 많은 위안을 받았다. 이 시에 붙인 프리드리히 바흐의 음악도 그녀의 마음을 위로해 주었다. 이에 백작부인은 아주 친근한 어조의 편지에 "더 나은 세계를 […] 미리 느끼게 해주는 황홀한 음악에 감사한다"고 고마움을 표하였다.[17]

헤르더가 쓴 나사로 시는 그의 다른 대본들처럼 애초부터 가사로 쓰일 것을 염두에 두고 구성되었다. 일례로, 그는 나사로의 소생 장면 앞에서 "음악의 비탄적인 음조"가 요구된다고 가사집에 적기도 하였다. 뷔케부르크 궁정에서는 분명히 시인과 음악가가 서로 협력해서 작품을 만들어 냈을 것이다. 하지만 이것을 뭔가 대단하고 엄청난 일로 치켜세우는 데에는 신중을 기해야 한다. 헤르더가 보기에 프리드리히 바흐는 존경스런 인물이지만 오라토리오 창작에는 경험이

요한 고트프리트 헤르더는 프리드리히 바흐의 음악에 감탄하지 않았을지도 모른다. 그래도 칸타타와 오라토리오 창작과 관련해서는 그와 크리스토프 바흐는 뷔케부르크 궁정에서 동지였다. 안톤 그라프의 초상화, 1785.

부족한 작곡가로 비친 것 같고, 프리드리히 바흐는 헤르더의 철학적, 음악미학적 야심에 어느 정도 공감했을 것이다.

반면에, 헤르더가 프리드리히 바흐의 음악에 감탄했다는 말은 전해 오지 않는다. 만약 그러했다면 헤르더는 자신의 시 「브루투스 Brutus」가 프리드리히 바흐의 음악에 실려 뷔케부르크 궁정에 울려 퍼지자마자 그 시를 얼른 글루크에게 건네며 곡을 붙여 보라고 하지 않았을 것이다. 《브루투스》(BR G 52)는 헤르더의 「필록테트 Philoktet」에 음악을 붙인 작품 BR G 53과 마찬가지로 유실되었다. 그렇지만 우리는 크리스토프 바흐가 《브루투스》에서 멜로드라마 양식에 따라 가사의 낭송과 기악의 감정 및 성격묘사를 결합했을 것이라고 추측해 볼 수 있다. 아무튼 헤르더에게 프리드리히 바흐는 진지한 대화 상대는 아니었다. 헤르더는 더 유명한 크리스토프 빌리발트 글루크를 자기의 상대로 보고 그에게 음악극 혹은 미학에 관한 자신의 신조를 상세히 써 보냈으나 답신을 받지는 못했다. 그 편지에서 헤르더는 음악과 시는 경쟁 상대가 아니라 형제처럼 분업해야 한다는 견해를 밝히고 있다. 그가 스스로 "음악을 위한 드라마"라고 부른 「브루투스」를 들어 말했듯이 가사는 이제 더 이상 "골조나 그물"이 아니었다. 그는 "가사는 음악의 감동적인 몸체에 생기를 불어넣어야 하고, 음악은

그는 음악을 열정적으로 사랑하였다. 듣는 사람이 없어도 런던에서 가져온 영국제 피아노포르테에 앉아 즉흥연주를 하였다. 하지만 자신의 즉흥연주가 다른 사람들을 즐겁게 할 때 더 좋아하였다. 음악 전문가들에게 그의 연주를 감상하는 일은 실로 큰 즐거움이었다. 그는 언제나 특정한 주제를 택해 그것을 너무나도 노련하게 다루어서 사람들은 풍부한 구상, 조성의 친근함, 독특하고 재기 넘치는 표현에 한없이 경탄할 수밖에 없었다. 이로써 그는 전례 없는 능수능란한 테크닉과 자신이 대가임을 알리는 섬세함을 한데 어우러지게 하였다.

요한 크리스토프 프리드리히 바흐를 기리는
뷔케부르크 종교국 평정관 호르스티히의 추모문 중 일부

말하고 행동하며 호소하고 이야기를 이어 나가면서 시인의 정신과 구상을 따라야 한다"고 역설하였다.[18] 당시 헤르더는 가사 없는 음악이 끌어낼 수 있는 감정을 아직은 매우 "모호한 것"으로 보았으나 나중에는 음악의 절대적 본질에 대한 초기 낭만주의적 사고가 발전할 수 있는 기틀을 마련해 주었다.

흥미로운 사실은, 헤르더가 뷔케부르크에 있을 때 크리스토프 바흐에게는 음악미학적 문제를 두고 의견을 나눌 수 있는 외지의 파트너가 따로 있었다는 것이다. 바로 시인 하인리히 빌헬름 폰 게르스텐베르크다. 프리드리히 바흐는 1773년 게르스텐베르크의 「무어인의 노래」를 가사로 칸타타를 작곡하였는데, 그것은 〈아메리카 여인 Die Amerikanerin〉(BR G 47)이라는 기이한 제목으로 알려졌고 심지어

프리드리히 레베르크Friedrich Rehberg의 이 소묘는, 여러 문헌에서도 볼 수 있듯이, 프리드리히 바흐가 아니라 젊은 시절의 요한 제바스티안 바흐를 그린 것으로 추정된다.

출판까지 되었다. 자칭 "골수 음악 애호가"[19]인 게르스텐베르크는 자기 작품을 가사로 사용한 것에 정중하게 감사의 뜻을 표하고, 이 기회에 "왜 우리의 소나타는 빠른 악장 두 개와 하나의 느린 악장이 있어야 하는지"를 알고 싶어 하였다. 이에 프리드리히 바흐는 퉁명스럽게 이유를 설명하고 다음과 같이 그다지 납득 되지 않는 말을 덧붙였다. "푸가는 정해진 규칙에 따라 작곡되므로 푸가라 불리는 것이지요."[20]

그는, 게르스텐베르크가 자신의 시 「클레오파트라」로 표제적인 클라비어 환상곡을 작곡해 보는 게 어떻겠느냐고 묻자 그 무리한 요구에는 훨씬 공손하게 대응하였다. 그리고 앞에서 언급된 에마누엘 바흐의 〈낙천가와 우울증 환자의 대화〉를 지목하여 그 독특한 소나타를 아주 냉정하게 비판하였다. "그가 이 곡에서 몹시 애를 썼지만 자신의 뜻을 말로 표현하지 않아 각 악장의 의미가 와닿지 않습니다. 우리의 「클레오파트라」도 이보다 낫지 않을 것입니다."[21] 이렇게 음악가로 하여금 문학적 소재를 해설 없이 묘사하는 음악을 창작하도록 관심을 끌어 보려던 게르스텐베르크의 시도는 이 이복동생에게서도 성공을 거두지 못하였다.

게르스텐베르크의 제안을 물리친 프리드리히 바흐는 그 대신 감성적인 솔로칸타타 창작에 힘을 쏟았다. 그 결과 1770년대에 〈아메리카 여인〉 외에도 게르스텐베르크의 가사로 〈낙소스의 아리아드네Ariadne auf Naxos〉(BR G 51), 람러의 대본에 의한 〈피그말리온Pygmalion〉(BR G 50) 및 〈이노Ino〉(BR G 48)를 완성하였다. 이 작품들에 비하면 레싱과 횔티의 가사로 쓴 20곡 정도의 세속노래의 수준은 그저 수수한 정도다. 헤르더가 뷔케부르크에서 칸타타 〈낙소스의 아리아드네〉를 들은 것은 1771년 여름의 일이었다. 이 때 그는 "한없이 감동하고 곳곳에서 놀랐다. 이는 음악보다 가사와 상황 때문에 그랬나 보다."[22]

사이가 소원해졌음에도 헤르더와 프리드리히 바흐는 미카엘제, 예수승천일, 성령강림절을 위한 칸타타 BR F 2~4를 비롯해 오라토리오《예수의 어린 시절Die Kindheit Jesu》(BR D 5),《골고다의 이방인Der Fremdling auf Golgatha》(BR D 7)을 함께 작업하였다. 백작부인은《예수의 어린 시절》이《나사로의 소생》 같은 대작들 못지않게 훌륭하다고 여겼다.

그리고 백작부인은 이 두 작품의 필사본을 평소 가까이 교류하던 데트몰트와 베르니게로데 궁정에 보냈다. 물론 작곡가가 출판하기 전에는 그 "황홀한" 음악을 다른 사람에게 건네지 말라는 부탁도 덧붙였다.[23] 하지만 이 작품들은 결국 출판되지 못하였다. 자필본으로 온전히 전해 오는 것도《골고다의 순례자들》,《예수의 죽음》,《나사로의 소생》,《예수의 어린 시절》뿐이다.《예수의 죽음》은 그라운이 쓴 같은 제목의 오라토리오에 의지해 작곡된 것이다.[24] 이 가운데《나사로의 소생》과《예수의 어린 시절》을 보면 프리드리히 바흐가 감성적인 오라토리오 양식에 익숙했던 것은 분명하지만 긴 생명력에서는 형 에마누엘과 겨룰 수 없음이 확연하게 드러난다.

1773년과 1774년에 라이프치히에서 출판된 코펜하겐의 독일교회 목사 발타사르 뮌터의 두 종교노래곡집에 실린 프리드리히 바흐의 노래 55곡(BR H 6~60)은 베를린 리트악파와 그들이 추구한 소박한 감동의 이상을 온전하게 따르고 있다. 반면에 모테트 〈깨어라, 우리를 부르는 파수꾼의 음성이Wachet auf, ruft uns die Stimme〉(BR H 101)에서는 확연하게 그 장르의 전통을 수용하고, 심지어 같은 제목의 아버지의 칸타타에서 코랄의 화음을 그대로 가져와 쓰기도 한다. 오라토리오에서도 아버지 바흐의 코랄이 본래의 화음 그대로 나타나는 경우가 더러 보인다.[25] 《예수의 죽음》 가운데 코랄 '눈들아, 울고 있구나Ihr Augen, weint'는 인용 여부가 확실히 증명되지는 않았지만 그 가능성이 충분히 의심되는 곡이다. 지금은 사라진 아버지의 작품에서 따온 것일 수도 있다는 뜻이다.[26] 뷔케부르크의 바흐는 상당량의 아버지 악보를 유산으로 물려받아 좋은 본보기들을 다수 가지고 있었다. 그 안에는 라이프치히 칸타타 첫해 사이클 일부와 《크리스마스 오라토리오》 자필본도 포함되어 있었다. 그렇지만 프리드리히 바흐는 형 에마누엘 바흐가 함부르크에 바흐 일가의 아카이브를 세울 수 있도록 꽤 많은 악보를 형에게 선뜻 넘겨주었다.

1777년 필리프 에른스트 폰 샤움부르크-리페-알베르디센이 뷔케부르크의 통치권을 물려받았을 때 처음에는 별다른 변화의 움직임이 없었고, 다만 프리드리히 바흐도 다른 음악가들과 마찬가지로 약간의 감봉을 감수하여야 했다. 한편 그는 영국에 있는 동생 요한 크리스티안을 방문해도 좋다는 허락을 얻어 열아홉 살이 된 아들 빌헬름 프리드리히 에른스트를 데리고 다녀올 수 있었다. 아버지의 뜻은 세례 때 대부가 되어 준 백작의 이름을 물려받은 이 맏아들이 유명한 런던의 삼촌으로부터 가르침을 받고 음악계에 입문해서 아버지인 자기보다 더 큰일을 해내기를 바랐던 것이다. 물론 그 자신도 3개월간의 런던 여행에서 얻은 것이 있었다. 그 곳에서 새로운 음악을 듣고 영향을 받아 그의 기악양식이 눈에 띄게 가창적歌唱적, 고전적으로 변하였다. 그리고 영국에서 함머클라비어를 가져와 이 신식 악기도 능숙하게 다룰 수 있게 되었다.

그 즈음에 프리드리히 바흐의 출판활동도 눈에 띄게 활발하였는데, 어쩌면 함부르크의 형을 만나며 자극을 받았는지도 모르겠다. 그는 1770년에 이미 클라비어 소나타 두 곡 BR A 1~2와 다섯 곡의 춤곡 BR A 46~50, 그리고 여러 실내악곡을 형 에마누엘 바흐의《음악의 이모저모》에 실은 바 있다. 이로부터 7년 후에는 리가에서《함머클라비어와 선율악기를 위한 여섯 곡의 소나타》(BR B 15~20)을 출판하였다. 이 작품들은 훌륭한 실용음악으로 다른 형제들의 작품과 비교하면 평균 정도의 수준이다. 그 가운데 d단조 소나타 BR B 16은 적잖이 장황하지만 독창적인 기악 레치타티보가 단연 돋보인다.

1785년 초 프리드리히 바흐는 라이프치히의 브라이트코프사에서《클라비어를 위한 여섯 곡의 가벼운 소나타Sechs leichte Sonaten fürs Clavier》(BR A 3~8)를 인쇄하여 펴냈다. 이 소나타들은 클라비어를 배우는 여제자들 가운데 제일 젊고 유명한, 그리고 예술에 남다른 애정을 가진 율리아네 공주에게 헌정되었다. 율리아네 공주는 아내와 사별한 필리프 에른스트 백작이 새로이 맞이한 부인이고, 1780년에 뷔케부르크 궁에 들어왔다.

프리드리히 바흐 역시 에마누엘 바흐처럼 악보를 팔기 위해 지역별로 판매책을 고용하고, 형에게도 그 지역을 맡겼다. 그러나 예약은 기대에 미치지 못하였다. 게다가 갖은 노력에도 불구하고 초판 600부가 판매회사가 파산할 때까지도 대부분 재고로 남아 결국 이 사

요한 크리스토프 프리드리히 바흐의 《클라비어 또는 피아노포르테를 위한 여섯 곡의 가벼운 소나타》
자필 식각원보. 라이프치히, 1785.

업은 실패로 끝나고 말았다. 하지만 그런 가운데 코펜하겐의 카펠마이스터 요한 페터 아브라함 슐츠의 진심 어린 격려가 있어서 다소나마 위로를 받았다. 슐츠는, 그 소나타들이 제목에서 풍기는 느낌보다 기술적 수준이 훨씬 높고 애호가를 위한 당대의 다른 음악들보다 재치가 넘친다며 칭찬하였던 것이다.

한편 프리드리히 바흐는 이 사업에 실패하였지만 배운 게 있었다. 그의 다음 출판물은 『여가 음악Musikalische Nebenstunden』이라는 제목의 잡지였다. 1787~1788년 사이에 출판된 네 종의 『여가 음악』에는 클라비어 음악, 실내악, 리트에서 발췌한 춤곡 같은 짧은 음악이 다채롭게 실려 있다. 여러 작곡가들과 함께 프리드리히 바흐도 70곡(BR A 51~120)을 실었다. 이 작품들은 이전에 출판한 소나타들보다 어렵지 않지만 그럼에도 주목할 만하다. 여기에서 그는 현대적 양식을 존중하면서도 아버지의 《인벤션》에서 발견한 작곡기법도 수용했는데,[27] 그래서인지 이번에는 475부가 예약되어 크게 기뻐하였다.

1789년에 브라이트코프사가 출판한 《세 곡의 가벼운 소나타Drey leichte Sonaten》는 "런던에서 작곡되었으며, 존경하는 여왕 폐하께서 이 곡을 즐겨 들으셨다."[28] 프리드리히 바흐는 이 사실을 넌지시 출판사에 알리면서 이로써 자신이 일찍이 영국을 방문한 바 있으며 그동안 전혀 소문나지 않았지만 여왕 어전에서도 연주했다는 사실을 널리 알려 자신을 존경하는 마음이 우러나기를 기대하였다. 한편 프리드리히 바흐는 그 편지에서 이 소나타들이 "완전히 새로운 미적 감각으로 작곡되었다"고 밝혔는데, 이는 부정할 수 없는 사실이다. 이 곡들의 음악적 표현 양상이 에마누엘 바흐보다 오히려 요한 크리스티안 바흐나 모차르트를 연상시킨다는 점에서 그렇다. 1785년에서 1790년 사이에 작곡된 〈아, 말씀드릴게요, 어머니Ah, vous dirais-je maman〉에 의한 변주곡 BR A 45는 대중성 면에서 상당히 인정을 받았다. 하지만 형 에마누엘 바흐는 이 변주곡을 유행 음악으로 보았다고 한다. 이 곡은 같은 선율을 주제로 한 모차르트의 변주곡에 훨씬 못 미친다.

프리드리히 바흐가 쓴 최고의 클라비어 음악은 소나타 D장조 BR A 31이다. 이 소나타는, 1789년에 그가 "내 눈앞에 떠오른 작품들이오"라는 코멘트를 달아 베를린의 한 무명 음악 애호가에게 보낸 소나타 시리즈 일곱 작품 가운데 유일하게 남아 있는 곡이다.[29] 프리드리히 바흐의 이 코멘트는 작곡가가 청중을 의식하지 않고 오로지 자기만족을 위해 작품을 썼다는 뜻이다. 그 후에 프리드리히 바흐는 한 작품당 1두카트를 받고 작곡기법상의 진지성을 인정해 준 그 작품 위촉자에게 독점권을 넘겼다.

이 바흐의 아들이 작곡한 실내악과 관현악 작품에 관해 우리가 알고 있는 것은 단편적인 일부뿐이다. 인쇄된 곡이 몇 안 되는 데다 필사본으로 전해 오는 것들도 우연히 남아 있는 경우가 대부분이어서 그렇다. 개별적으로 남아 있는 몇 가지 초기 원본들은 모라비아 교회의 음악아카이브 두 곳에 소장되어 있는데, 헤른후트파* 형제단교회의 교인 요한 프리드리히 페터가 미국으로 건너갈 때 이 악보들을 짐 속에 넣어 간 게 분명하다.《클라비어와 오케스트라를 위한 여섯 협주곡Six Concertos》(BR C 31~36)은 프리드리히 바흐가 런던 방문에 맞춰 인쇄한 작품으로 최근에야 발견되었다.

악보 자료가 이렇게 턱없이 부족한 가운데에서도, 프리드리히 바흐를 자족적인 기악 작곡가로 보는 종래의 지배적 관점에 반하는 새로운 평가가 나타나고 있다. 그가 매우 인상적인 방법으로 지속저음이 반주하는 음악에서 감정시대 음악으로 넘어가는 역사의 변화에 동참했다는 것이다. 그렇게 보면, 1768년경에 완성된 〈현악 교향곡 d단조〉(BR C 4)에는 벌써 상당한 질풍노도의 격정이 내포되어 있고, 그 가운데에서도 중간악장 '안단테 아모로소'는 유난히 감정적이다. 특히 1778년 런던 방문 이후에 그는 양식상 고전주의로 기우는데, 이는 실내악 편성의 소나타 BR B 29~35와 클라비어 협주곡 BR C 40, 41에서 뚜렷하게 나타난다.

이것으로 끝이 아니다. 말년에 이르러 프리드리히 바흐는 성숙

---

*　1722년, 작센의 작은 마을 헤른후트에서 니콜라우스 루트비히 폰 친첸도르프 백작(1700-1760)이 교회 공동체를 세웠다. 이 모라비아 교회 신자인 작곡가 요한 프리드리히 페터(1746-1813)는 1770년 미국으로 이주했다. 이 교회 아카이브는 당대 음악가들 작품을 모으고 필사했고, 특히 하이든, 프리드리히 바흐, 보케리니, 슈타미츠의 작품이 많다.

기의 하이든에 견줄 만한 수준으로, 과감하고도 능숙하게 빈 고전주의로 다가섰다. 말년의 대표작으로는 1789년에 작곡되었으나 안타깝게도 19세기 말에 편곡된 것으로만 전해 오는 〈첼로 소나타 A장조〉(BR B 36)와 1792년의 〈클라비어 협주곡 E플랫장조〉(BR C 43), 1794년에 작곡된 〈교향곡 B플랫장조〉(BR C 28)를 꼽을 수 있다. 그 중에서도 특히 플루트, 클라리넷, 호른이 편성된 교향곡에는 일반적으로 바흐 아들 세대의 양식적 특징으로 알려진 요소들이 거의 들어 있지 않다. 따라서 이 작품은 '착실한 하이든guter Haydn'이라고 해도 무방하다. 여기에서 우리가 다소 당혹감을 느끼며 확인하는 사실은, 베토벤 이전 세대에는 작곡이 아직도 수공업Handwerk에 속했다는 것이다. 그래서 프리드리히 바흐처럼 재능이 있고 시류를 거스르지 않는 음악가라면 자신과 동년배인 하이든의 교향곡들을 비슷한 수준으로 모방하여 만드는 게 가능하였던 것이다. 한 세대에 약간 못 미치는 시간을 거슬러 올라간 시기에 프리드리히 바흐는 주공의 요청에 따라 훌륭한 수공업적 솜씨를 발휘하여 이탈리아 양식을 습득한 바 있었다.

그런데 상황이 바뀌었다. 프리드리히 바흐는 이제 뷔케부르크 궁정에서 전권을 행사할 수 없게 되었다. 1787년, 필리프 에른스트 백작이 세상을 뜨자 즉각 그의 후처 율리아네 백작부인이 미성년인 아들 게오르크 빌헬름을 대신해 정무를 관장하게 된 것이다. 상당한 실력을 갖춘 성악가이자 피아니스트였던 백작부인은 프리드리히 바흐로 하여금 궁정에서 하이든의 음악 이외에 모차르트와 이그나츠 플레옐, 아달베르트 기로베츠, 브라니츠키 형제의 음악도 연주하게 하였다. 실내악은 일주일에 두 번씩 정기적으로 연주되었다. 이런 연주회에 청중으로 올 수 있는 사람은 궁정 출입이 가능한 현지인들과 높은 신분의 타지인들이었다.

노년으로 접어든 프리드리히 바흐의 개인적 삶은 그다지 평안하지 않았던 것 같다. 그는 가깝게 지내던 형 에마누엘이 1788년에 세상을 떠나 몹시 슬펐고, 이제는 자신이 아버지 유산을 책임져야 하는 유일한 아들이라는 생각에 힘들어하였다. 서글프고 심란한 가운[데] 그는 브라이트코프사에 편지를 보내며 하소연하였다. "죽음[이 자]가 우리 바흐 일가에 둥지를 틀려나 봅니다. 돌아가신 아[버지의] 남자 혈통이라고는 이제 저와 제 아들밖에 없습니다." [그런데다가] 그는 말년에 이르러 아버지가 겪었던 것과 유사한 수모[를 겪었]다. 이 예순둘에 이른 노장이 자기 후임자로 예정된 보[다 젊은] 음악가 프란츠 크리스토프 노이바우어와 맞붙어 싸워[야 했]다.[31]

타고난 난봉꾼이자 씀씀이가 [헤픈 이] 청년은 여러 도시와 귀족의 궁정에서 열광적인 찬사[를 한 몸]에 받았다. 특히, 작센-코부르크-자알펠트의 프리[드리히 요]지아스 왕자가 1789년 9월 22일 터키군을 상대로 거둔 [승리를 그]린 그의 전투 묘사 교향곡 〈마르티네스티의 전투La Bataille d[e Marti]nesti〉가 큰 인기를 끌었다. 뷔케부르크 궁정에서는 오랫동안 [임무에] 충실히 임하는 동안 어언 백발이 된 악장과 곧 악단의 [지휘를 맡게] 될 생기발랄한 이 신임 음악가 사이에 갈등이 생겼다. [이 젊은] 내기는, 그의 사망 기사에도 실렸듯이, 악단 지휘의 특권을 "잘 활용하여 온 세상이 그의 연주를 듣고 경탄하게 하였다." 뿐만 아니라 그 기사에는 "노이바우어가 지휘를 하면 오케스트라에 엄청난 열기가 배어들었다"고 전하고 있다.[32] 물론 그 기사는 프리드리히 바흐와 노이바우어 사이에서 벌어졌던 논쟁에 대해서도 언급하는데, 다툼이 끝날 때까지 노이바우어는 "한 치도 물러서지 않고 바흐를 거칠게 비난했으며" 놀랍게도 상대에게 "대위법적 주제로 곡을 써 대결해 보자"며 대들기까지 했다고 한다.[33]

이 사건에 대한 더 자세한 내막은 알려지지 않았다. 어찌되었든 프리드리히 바흐가 그 갈등에 부대낀 것은 잠시였을 뿐이다. 그 자신이 "극심한 흉부열"로 1795년 1월 26일 죽음을 맞았기 때문이다. 호르스티히는 추모문에서 뷔케부르크 바흐의 작품들은 "소박하고 기품 있는 표현"과 "심오하면서도 내면적인 감정"을 담고 있다고 칭송하였다.[34] 하지만 그렇다고 해서 음악에 관심 있는 당시 대중의 의식 속에 그가 존재하지 않았다는 사실만큼은 부인할 수 없다. 대중은 대부분 제바스티안 바흐의 유명한 세 아들, 즉 빌헬름 프리데만과 카를 필리프 에마누엘, 요한 크리스티안에 관해서만 알고 있었다. 이와 관련하여 1793년 카를 프리드리히 크라머가 전해 주는 바흐와 바흐의 아들들에 관한 몇 가지 일화의 문맥 가운데에서 짤막한 한 구절이 눈에 띈다. "저는 뷔케부르크의 네 번째 아들은 제외하려고 합니다. 그 사람은 사실상 바흐 일가에 속하지 않으니까요."[35]

요즘 들어 프리드리히 바흐는 울리히 라이징어의 연구와 그의 음악을 담은 좋은 CD들 덕분에 차츰 정당한 대우를 받는 추세다. 특히 그 CD들은, 우리가 만약 뷔케부르크의 바흐를 다만 처세에 능하고 여러 장르를 탁월하게 다루었으며 무엇보다 클리비어 음악을 깊이 탐색한 에마누엘 바흐의 축소판으로만 본다면, 그것은 그에게 참으로 심하게 부당한 처사임을 알려 주고 있다. 우리에게 일부만 단편적으로 전해 오지만, 프리드리히 바흐의 작품 중에는 질적으로 함부르크의 형에게 견줄 만한 곡들이 여럿 있다. 그리고 앞에서 말한 대로, 요한 크리스토프 프리드리히 바흐는 미학적 수준에서 형제 가운데 유일하게 성숙기의 빈 고전주의로 다가선 작곡가였다. 물론 이것은 다음 장에서 다룰 요한 크리스티안 바흐가 이 형보다 13년 먼저 세상을 떠난 결과일 뿐이긴 하다.

Johann
Christian
Bach

현세주의자:
요한 크리스티안 바흐

"뷔케부르크로 오시지요." 프랑크 베데킨트의 희곡「카이트 후작」에서 주인공 카이트 후작은 소박한 시골의 삶을 원하는 동거녀 몰리로부터 이렇게 제안을 받는다. 그러나 향락주의자이고 줄 타는 광대이자 모험가인 그는 뷔케부르크라는 말에 '소시민적 감상'을 떠올리고는 차라리 당당하게 파산을 맞는다.[1] 이 이야기는 바흐 일가의 두 막둥이 형제를 연상시킨다. 요한 크리스토프 프리드리히에게 뷔케부르크의 냄새가 짙게 배어 있다면, 요한 크리스티안은 카이트 쪽에 가깝다. 어찌 되었든 요한 크리스티안 바흐는 형제들 중에서 가장 특이한 인물이고, 특이한 만큼 그의 삶 또한 흥미진진하다. 아버지 요한 제바스티안 바흐가 1735년에 작성한 가계도 제50번 항에는 아주 담담하게 "요한 제바스티안 바흐의 여섯째 아들 요한 크리스티안 바흐, 1735년 9월 3일에 태어남"이라고 적혀 있다.[2] 그 이틀 뒤에 토마스교회에서 이 아들의 세례식이 있었고, 그 때까지만 해도 아버지 바흐와 사이가 좋았던 토마스학교 교장 요한 아우구스트 에르네스티, 사업가의 딸 크리스티나 지빌라 보제, 법학과 교수 요한 플로렌스 리비누스가 그의 대부가 되어 주었다. 요한 크리스티안 바흐는 친척 형 요한 엘리아스 바흐에게 가정교습을 받았다. 물론 첫 음악수업은 부모가 맡았을 것이다.《안나 막달레나 바흐를 위한 작은 악보집Notenbüchlein für Anna Magdalena Bach》의 끄트머리에는 어린아이 손으로 쓴 짤막한 행진곡이 실려 있는데, 이는 크리스티안 바흐의 첫 창작품 중 하나임이 분명하다. 그의 초기 자필 악보로는 아버지의 〈관현악 오버추어 b단조〉(BWV 1067)의 폴로네즈를 클라비어 버전으로 편곡한 것도 있다. 그는 이것을 1748년 10월 한 기념첩에 적어 넣었다. 빈에 보관되어 있는 아버지의 세 번째 클라비어 파르티타 BWV 827의 인쇄본에도 역시 1748년이라는 연도와 함께 크리스티안 바흐 것이라고 자필로 적어 놓았다. 그런데 이 아이가 정말 열세 살 나이에 이 어려운 곡을 연주해 낼 수 있었을까?

《안나 막달레나 바흐를 위한 작은 악보집》에 있는 요한 크리스티안 바흐의 초기 창작곡.

우리가 갖고 있는 크리스티안 바흐의 어린 시절에 관한 정보는 매우 빈약하지만, 음악미학자이자 음악사가인 크리스티안 프리드리히 다니엘 슈바르트가 1772년 슈베칭엔에서 크리스티안 바흐한테 직접 들었다는 한 일화가 그것을 다소 보충해 준다. "사람들이 그의 위대한 아버지 이야기를 하자 그는, 자기는 아버지가 작곡한 것을 연주할 능력이 없노라고 고백하였다. 언젠가 궁정 음악가 카나비히와 벤들링에게는, 그가 클라비어로 무심히 즉흥연주를 하다가 4.6화음으로 마친 적이 있었는데, 바로 그 때 침대에 누워 잔다고 생각했던 아버지가 벌떡 일어나 냅다 그의 따귀를 때리고 나서 그 화음을 해결하였다는 이야기도 들려주었다."[3] 아버지 바흐는 갑자기 중단된 막내아들의 즉흥연주를 제대로 마무리하지 않고서는 못 배겼던 것이다.

아버지가 세상을 뜰 때 이 막내아들은 열네 살이었다. 이 아들은 눈이 멀어 가며 죽음을 앞둔 아버지를 여러모로 돌보아야 했고, 사비나의 날에 추모음악을 연주하고 '나탄의 유산'*에서 5마이센 굴덴을 받았을 때에는 심지어 아버지 이름으로 영수증을 쓰기도 하였다.[4] 아버지가 세상을 뜨자 그는 형 에마누엘이 있는 베를린으로 갔다. 그 옛날 아버지 요한 제바스티안 바흐도 열 살 때 부모를 여의고 오르드루프의 큰형한테 갔었다. 아버지가 생전에 유증한 클라비어 세 대를 갖

---

*   라이프치히의 가구 제조업자 부인 사비네 나탄Savine Nathan의 사후(1612) 그녀의 유산으로 만든 장학기금이다. 토마스학교는 후원자의 뜻에 따라 사비나의 날 Savinentag을 전후하여 두 주교회에서 번갈아 모테트나 코랄을 연주하고, 연주자들에게 그 기금에서 소정의 연주료를 지급한다.

고 갔는지는 알 길이 없다. 유산 분배 과정에서 두 이복형은 이 막냇동생이 일찍이 아버지로부터 클라비어를 받은 것에 불만을 품기도 하였는데, 아무튼 그 클라비어들은 그의 몫인 아버지의 린넨 셔츠나 "작은 커피 주전자"보다는 들고 가기 어려웠을 것이다.[5]

아버지 손에 이끌려 음악 공부를 시작한 요한 크리스티안은 베를린의 형 집에 살며 계속 음악수업을 받았을 테고, 또 즐겁게 건반을 두드렸을 것이다. 그러다가 곧 첫 창작품을 만들어 내었다. 곡집과 연감에 실릴 〈메첸도레Mezendore〉, 〈시골의 현인Der Weise auf dem Lande〉, 〈떠나 버린 그의 연인Über den Verlust seiner Geliebten〉(W H 1~3) 등의 노래를 작곡한 것이다. 혹시 클라비어 비르투오소로 무대에 서게 될지도 모르기에 W C 68~77 시리즈에 속한 쳄발로 협주곡도 여러 곡 썼다. 그런데 이 작품들 곳곳에서 벌써 그의 능숙한 솜씨가 나타난다. 에른스트 루트비히 게르버는 크리스티안 바흐의 쳄발로 연주회가 당시 베를린에서 엄청난 호응을 얻었다고 1790년에 펴낸 음악가 사전에 기록해 놓았다.

우리는 그간의 여러 사정을 현실적 시각으로 볼 필요가 있다. 에마누엘 바흐는 어언 열아홉 살에 이른 동생이 독립해 주기를 바랐을 것이다. 그리고 동생은 동생대로 기약 없이 '후견인'의 집에서 사는 것도 내키지 않고, 또 프리드리히 형처럼 보잘것없는 직장에 안주하고 싶지도 않았을 것이다. 그러던 차에 이복형이 그를 앞에서 언급된 선제후 페르디난트 필리프 요제프 폰 롭코비츠를 통해 부유하고 명망 높은 밀라노 리타 가家의 아고스티노 백작과 연결시켜 주었으니 그에게는 여간 반가운 일이 아닐 수 없었다.[6] 하인츠 게르트너의 추측대로라면, 롭코비츠 선제후는 당시 주駐 밀라노 총독이던 삼촌에게 부탁하여 이 일을 성사시켰을 것이다. 크리스티안 바흐는 1755년경에 이탈리아로 떠난 것으로 추측되는데, 그 이탈리아 이주 이야기의 낭만적 버전은 요한 니콜라우스 포르켈이 전해 준다. 포르켈은 1783년 크리스티안 바흐를 추모하는 글에 다음과 같이 적고 있다. "그는 어린 나이에 […] 베를린으로 와 많은 이탈리아의 여성 성악가들과 알고 지냈는데, 그 가운데 한 여인이 바흐에게 함께 이탈리아로 가자고 했지요."[7] 바흐 학자 하인리히 미스너는, 그 여인은 그 즈음에 자기 고향 이탈리아로 돌아간 안나 로리오 디 캄포 룽고라는 이름의 콘트라알토 성악가라고 보고 있다.

아고스티노 백작은 음악을 좋아하여 밀라노에서 자주 연주회를 열면서 자기보다 일곱 살 아래인 크리스티안 바흐에게도 연주 기회를 주었다. 그로부터 20년 뒤, 찰스 버니는 밀라노에서 '런던의 바흐'가 밀라노 시대에 남긴 음악이 여전히 연주되고 있다고 보고한다. 그런데 리타 가문은 자신들이 후원하는 '런던의 바흐'에게 교회음악 작곡을 권했던 모양이다. 교회음악을 작곡하자면 전통적인 교회음악 양식을 따로 배워야 했으므로 크리스티안 바흐는 저명한 음악이론가 조반니 바티스타 마르티니*를 찾아 볼로냐로 갔다. 그리고 그는 스승 마르티니와 아주 가까워졌다. 그의 멘토는 몇 년 뒤에 어린 모차르트

---

*   파드레 마르티니는 프란체스코회 신부였다. 1706년에 바이올리니스트 아버지 슬하에서 태어나 1784년 타계할 때까지 고향에서 음악가로 활동하였다. 그는 요한 요제프 푹스 이후 가장 이론에 밝은 작곡 선생이었다.

에게도 그 유명한 아카데미아 필아르모니카에 들어오도록 도움을 주었다. 스승과 그렇게 가까웠다면 요한 크리스티안 바흐가 1757년 가톨릭으로 개종할 때 마르티니 신부도 어떤 책임질 만한 역할을 하지 않았을까?[8] 고국에 있는 가족들은 크리스티안의 개종을 끝내 용서할 수 없었다. 훗날 에마누엘 바흐는 아버지로부터 물려받은 가계보의 크리스티안 바흐 이름 옆에 담담하게 한 마디를 추가하였다. "우리 가운데 이 사람만이 신실한 파이트와 다르게 살았다."[9]

파이트는 가톨릭교도를 피해 망명했던 바흐 가문의 선조다. 그러나 이 시점에서 우리가 생각해 보아야 할 점은 크리스티안 바흐가 가톨릭으로 개종하지 않고서는 교회음악과 관련된 직업을 얻을 수 없었는지, 그리고 당시 이탈리아에서는 교회음악직만 정식 고용이 보장되었는지 여부이다.

볼로냐의 음악학교Liceo Musicale에는 1757년에서 1762년 사이에 요한 크리스티안 바흐가 스승에게 보낸 편지 32통과 함께[10] 아고스티노 백작이 마르티니 신부에게 보낸 편지들이 보관되어 있다. 이 편지들은 크리스티안 바흐의 공부가 거의 끝나 가는 무렵부터 오간 것들이어서 의례적인 말들로 가득하다. 요한 크리스티안 바흐를 위하여 쏟은 수고에 대한 감사 표시로 마르티니는 우편료가 선납된 '수제 초콜릿' 10파운드를 받고, 나중에 추가로 또 받았다. 이 선물을 받고서 그는 크리스티안 바흐처럼 재능 있는 제자를 가르치게 되어 큰 보람이었노라고 점잖게 답하였다.[11] 크리스티안 바흐는 이중합창 '진노의 날Dies irae'이 포함된 장례미사곡을 작곡하던 1757년 초여름에 스승 마르티니에게 작곡기법에 관한 조언을 구하는데, 예컨대 그가 "그 홀륭한 옛 음악가 자코모 페르티"의 곡에서 찾아낸 일련의 4도 음정은 허용되는 것인지, 그리고 단조의 곡이 꼭 장조로 끝나야 하는지를 묻는다.[12]

그 후에 요한 크리스티안 바흐는 리타 가의 한 장례식에서 성악가와 연주자 총 64명으로, 소규모 청중 앞에서 자신이 작곡한 장례미사곡을 연주하였다. 그리고 얼마 지나지 않아 밀라노의 성페델레 성당에서 공식적으로 이 미사곡을 연주하여 엄청난 박수갈채를 받았다. 이후 수십 년 동안 이어진 교회음악가로서 그의 명성은 특히 이 장례미사곡 W E 11~12과 〈글로리아〉(W E 4)에서 비롯된 것이었다.

이 이른 성공은 키리에와 글로리아, 시편 음악, 찬미가(W E 1~10, 13~28)등과 같은 라틴어 교회음악을 속속 작곡해 내도록 크리스티안 바흐를 부추겼을 것이다. 여기에서 우리가 상기해야 할 것은 처음으로 큰 성공을 맛보았을 때 그는 갓 22세에 불과하였고, 이탈리아에 온 지 겨우 2년밖에 안 되었다는 점이다. 당시 밀라노 사람들은 전통적인 교회음악 분야에서도 젊은 스타를 원하고 있었던 것이다. 그런데다 아고스티노 리타는 자기 가문에 속한 음악가를 멋진 모습으로 사람들 앞에 내세우는 데 능하였으며, 그들을 공적 기관에 자리잡게 해줄 수도 있었다. 1760년 요한 크리스티안 바흐는 그렇게 밀라노 성당의 부副오르가니스트가 되었다. 그의 말에 따르면, "이 직위로 1년에 800리라를 받는데, 실은 할 일도 별로 없다."[13]

그렇지만 요한 크리스티안 바흐의 봉급은 퇴임한 선임자들 것보다 훨씬 적었다. 그래서 크리스티안 바흐는, 여러 문헌에서 간간이 언급되듯이, 밀라노 인근 작은 마을인 카라바조의 산타 마리아교회 카

요한 크리스티안 바흐의 1775년 작 '키리에'의 2중푸가. 이 곡의 자필본은 아인지델론 수도원의 도서관에 소장되어 있다. 최근까지 이 곳은 바흐 막내아들의 교회음악을 모아 놓은 가장 중요한 소장처로 알려져 있었다.

펠마이스터직도 맡았던 것 같다.[14] 당시 그의 업무 가운데 가장 중요한, 그리고 그 이후로도 변함없이 중요한 업무는 리타 가에서 매주 열리는 연주회 감독 일이었는데, 리타 가는 언제나 흔쾌히 이 독일 출신 젊은 작곡가를 내세우면서, 그럼으로써 자기 가문을 돋보이게 하였다. 크리스티안 바흐는 파드레 마르티니에게 자기가 맡은 업무를 설명하며 1761년 2월 14일 자 편지에서 다음과 같이 말한다. "저는 날마다 교향곡이나 협주곡, 칸타타 등 행사를 위한 일들을 해야 합니다. 독일뿐 아니라 파리를 위해서도 작업을 해야 한답니다."[15] 이 말이 무슨 의미인지 알 수 있다면 얼마나 좋겠는가.

요한 크리스티안 바흐의 15곡의 교회음악 자필본은 제2차 세계대전으로 인해 50년 동안 전혀 주목받지 못한 채 아르메니아의 예레반에 보관되어 있다가 얼마 전에야 함부르크 국립/대학 도서관으로 돌아왔다.

크리스티안 바흐의 이탈리아 교회음악에서는 강한 전통의식이 엿보인다. 이 전통의식을 바탕으로 그는 마르티니 선생의 권유에 따라 팔레스트리나의 음악을 공부하는데, 그는 그 선생과의 공부가 끝난 뒤에도 계속 스승에게 자신의 작품을 보이며 평가와 수정 등 조언을 구하였다. 팔레스트리나의 음악을 공부하고 나서는 그 수도사 스승에게 키리에를 8성부 푸가로 작곡해 보겠노라고 알리기도 하였다. 이 푸가는 안타깝게도 유실되었다. 하지만 1759년 12월 자 편지에서 마르티니 선생에게 작곡하겠다고 알린 45분 길이의 〈G장조 글로리아〉(W E 4)의 '받아 주소서Suscipe' 푸가에서는 벌써 놀랄 정도의 노런함이 보인다. 크리스티안 바흐는 여기에서 주제를 원형과 전위형으로 열거하는데, 그러면서도 감성의 힘은 약화되지 않는다. 물론 그는 호감을 주는 현대적 양식에 중점을 둔다. 그리고 독창 부분들은 오페라 세리아와 오페라 부파가 섞인 것처럼 들리곤 한다. 오케스트라는 통상적인 반주 역할에 그치는 경우가 잦다. 조금 과장하자면, 이 〈글로리아〉는 성악 패시지가 들어간 신포니아 콘체르탄테라 할 수 있는데, 그러나 이러한 혼합 자체가 바로 이 작품의 핵심이다. 듣는이는 기분 좋은 청각적 자극을 포기하지 않으면서도 비교적 수준 높은 음악을 들을 수 있는 것이다.

'기분 좋은 청각적 자극'이라는 말은 크리스티안 바흐가 이탈리아 시절 초기에 '감행한' 음악적 이중생활과도 연관이 있다. 크리스티안 바흐는, 아마도 그의 후견인인 리타의 뜻에 따라 열심히 교회음악을 작곡하면서도, 다른 한편으로는 오페라에 몰두하였다. 이는 이탈리아 작곡가에게는 대수롭지 않은 일이었겠지만, 그에게는 꽤 난처한 상황이었음에 틀림없다. 자신의 이런 이중 활동을 스승 마르티니에게 굳이 숨기지는 않았으나 마치 그저 사소한 일인 양 말한 것을 보면서 우리는 그의 입장을 짐작할 수 있다. 이런 속사정이 있어 그는 앞에서 언급한 편지에서 이미 알린 〈테데움〉(W E 27) 작곡이 지체되고 있는 사유를 이렇게 변명을 하고 있다. "선생님께서 저를 요란스럽게 약속은 많이 해놓고 정작 지키지는 않는 사람으로 여기실까 염려됩니다. 선생님께 곡을 보내드리겠다고 자주 말씀드리고서 행하지 못하고 있으니 말입니다. 제가 확실하게 말씀드릴 수 있는 것은, 이것이 열의의 문제가 아니라 단순히 시간의 문제라는 것입니다. 저는 지금

성요셉 축일을 위해 새로운 '미사' 한 곡과 '저녁기도'를 쓰고 있습니다. 그리고 이제 막 '글로리아'를 쓰기 시작하였습니다. […] 선생님의 안부 인사를 전해 주신 람푸냐니 대부께서는 선생님께서 여전히 저에게 호의를 갖고 계신다고 말씀해주셨답니다."[16]

마르티니가 결코 오페라에 반감을 갖지 않았는데도 크리스티안 바흐는 이 스승에게 자기가 이처럼 교회음악 작업에 특별히 신경을 쓰고 있다고 알려야 했던 모양이다. 어떻든 크리스티안 바흐는 그러면서 세속음악의 '대부', 즉 당대에 최고의 명성을 누리던 오페라 작곡가 중 한 사람인 조반니 바티스타 람푸냐니를 슬그머니, 그러나 공손하게 이 변명에 끌어들였던 것이다. 람푸냐니는 1732년 밀라노에서 활동을 시작한 이후 파도바, 비첸차, 크레마, 로마를 거쳐 런던과 바르셀로나로 누비고 다녔다. 그는 1758년부터는 다시 밀라노에 정착하고, 여기에서 골도니의 대본으로 자신의 최고 성공작인 오페라 부파《농부의 사랑 L'Amore contadino》을 썼다. 1770년에 14세 소년 모차르트가 아카데미아 필아르모니아의 신입 회원으로서 자신의 오페라《미트리다테 Mitridate》공연을 위해 볼로냐에서 밀라노로 왔을 때 고령에 이른 람푸냐니는 이 공연에서 제2쳄발로를 연주하였고, 그에 앞서 프리마돈나 안드레아 베르나스코니와 함께 이 오페라의 리허설에도 참여하였다.

이 때 크리스티안 바흐는 벌써 오래전부터 영국에서 활동하고 있던 터였다. 그가 혹시 람푸냐니의 주선으로 영국 땅을 밟게 되었는지는 모르겠으나, 어찌 되었든 그의 이 같은 행보는 람푸냐니라는 롤 모델을 따른 것임에 틀림없다. 이미 1758년에, 그러니까 그가 밀라노 오페라에 합류할 때, 그는 경력을 쌓아 가는 람푸냐니의 활약상을 보며 부러움을 느꼈을 것이다. 1759년 1월에 크리스티안 바흐는 한창 진행 중인 카니발 시즌에 맞춰 '추가적 아리아' 〈가엾은 아기Misero pargoletto〉(W G 21)를 작곡했노라고 마르티니에게 '고백'하였다. 그는, 리타 백작으로부터 필리포 엘리시에게 이 새 아리아를 써줌으로써 조반니 바티스타 페란디니의 오페라《데모포온테Demofoonte》에서 자기가 부당한 취급을 받았다며 억울해하는 엘리시를 꼭 좀 달래 주라고 간곡하게 부탁을 받았노라고 자세하게 설명하였다.

모차르트도 이야기한 적이 있듯이, 이름난 성악가들이 오페라 계약 기간 동안에 자신들의 빼어난 목소리를 뽐내려고 특별한 '추가적 아리아'를 요구하는 것은 당시의 통상적인 관례였다. 하지만 그런 아리아를 이 어린 독일 작곡가에게 맡겼다니 놀라운 일이 아닐 수 없다. 갓 스무 살의 이 음악가는 그 얼마 전에 유명한 소프라노카스트라토가 파리넬리 군단의 일원으로 마드리드에서 엄청난 인기를 끌자 바로 연락하여 한번 보자고 하였다. 그리고 이 만남은 크리스티안 바흐가 후원자 리타에게서 벗어나 오페라계에 몸담게 된 결정적 계기가 되었다. 실제로 크리스티안 바흐는 1760년에 첫 '계약'을 따냈다. 토리노의 레지오 극장을 위한 메타스타시오 대본의 오페라《아르타세르세Artaserse》가 바로 그것이다. 이로써 크리스티안 바흐는 그 유명한 요한 아돌프 하세를 대신하는 행운을 얻게 된 것이다. 그는 이 모든 일들이 아주 당연하다는 듯 이후 2년 동안 연이어 메타스타시오의 대본을 가지고 더 유명한 나폴리의 산 카를로 극장을 위해 오페라《우티카의 카토네Catone in Utica》와《인도의 알레산드로Allessandro

요한 크리스티안 바흐가 첫 오페라 《아르타세르세》를 무대에 올렸을 당시 토리노 레지오 극장에서의 공연 장면.
도메니코 올리베로의 그림.

nell'Indie》를 작곡하였다. 이 작품들을 본 롬바르디아 주재 오스트리아 총독 카를 그라프 피르미안은 크리스티안 바흐를 "고명한 카펠마이스터"라고 소개하였다.[17]

이 총독의 추천서는 1762년 4월 7일에 작성되었는데, 그로부터 반년이 지난 즈음에 밀라노의 리타 백작은 마르티니 신부에게 크리스티안 바흐가 심히 걱정스럽다고 편지를 쓰면서 그의 의무감을 일깨워 줄 것을 당부하였다. "그는 우리 성당 오르가니스트인데, 1년 내내 온통 자리를 비우고 있으니 그 일을 아예 팽개친 것이지요."[18] 그러나 때는 이미 늦었다. 크리스티안 바흐는 나폴리라는 도시의 매력에 빠진 데다 토리노에서 알게 된 발레리나 콜롬바 베카리와 애정 행각을 벌리고 있었던 것이다. 이 스캔들이 세인의 입에 오르내리자 감독관인 '우디토리Uditori'가 크리스티안 바흐를 비판하고 나섰다. 크리스티안 바흐가 종종 여성 성악가나 무용가들의 칸막이 특별석에서 오페라를 관람하는 데다, 왕실의 규칙상 감시원에게조차 출입이 엄금되어 있는데도 공연 중에 무대 앞에서 여인들과 시시덕거린다는 것이다.

그런 비난 앞에서도 이 경솔한 음악가는 자기 고집을 꺾지 않았다. 심지어는 항의의 표시로 그가 지켜야 할 오케스트라의 쳄발로 자리를 비우기까지 하였다. 19세기 말에 저명한 문화역사학자 베네데토 크로체가 나폴리 연극사를 연구하며 발굴한 관련 기록들을 보면, 크리스티안 바흐의 추종자들은 그에게 칸막이 특별석을 마지막으로 한 번만 더 허락하여 "금지령 때문에 생긴 소문을 미리 덮게" 해달라고 청원했다고 한다.[19]

젊은 모차르트에게조차 오페라 계약과 성공이 얼마나 어려운 일이었는지를 생각해 보면, 요한 크리스티안 바흐가 쌓은 명성은 그저 놀랍기만 하다. 아버지 바흐는 그를 두고 겔레르트의 시구 "괴르게는 아둔함 때문에 출세할 거야"를 읊었다는데, 이는 진위가 불분명한 일화일 뿐이다. 그러나 아둔함을 태평함으로 바꾼다면 이 일화는 어느 정도 진실을 담고 있다. 바흐 일가 사람들은 태평함과 거리가 멀었으니, 유일하게 현실에 발 디딘다는 원칙을 과감히 거부한 이 막내아들의 성향은 더욱 눈에 띌 수밖에 없었다.

다른 한편으로는, 어쩌면 아버지에게 깊숙이 내재했던 성향을 이 아들이 펼쳐 보인 게 아닌가라는 생각이 들기도 한다. 라이프치히의 토마스교회와 나폴리의 오페라는 완전히 다른 세계지만 우리는 젊은 시절 요한 제바스티안 바흐가 까다로운 당국에 반항적으로 대응하였다는 사실, 그리고 드레스덴의 오페라를 뜻하는 '아름다운 드레스덴의 노래'를 좋아했다는 사실을 알고 있다.

나폴리를 위해 작곡한 두 오페라에는 안톤 라프가 '남자 주역'으로 참여하였는데, 라인 지방 출신인 그는 당시 전 유럽에서 최고의 명성을 누리는 음악가였다. 라프를 위해 크리스티안 바흐는 《인도의 알레산드로》에 애초의 계획에 없던 곡들을 추가했고, 그중에는 나중에 그의 최고 히트곡이 된 아리아 '나는 모르네, 이 애틋한 사랑이 어디서 왔는지Non sò, d'onde viene'도 있었다. 《우티카의 카토네》의 또 다른 아리아 '널 경멸하지도 않네, 사랑하지도 않네Non ti minaccio, non ti prometto amor'는 크리스티안 바흐가 성악가와 오케스트라의 대화를 얼마나 세련되게 처리하는지를 보여 주는 초기의 증거물 중 하나다. 이작곡 방식은 당시 이탈리아에서 처음 시도되었다.[20] 《우티카의 카토네》는 이후 몇 년 동안 밀라노, 파도바, 페루자, 파르마, 나폴리, 브라운슈바이크에서 재공연되었는데, 이렇게 초보 작곡가의 작품이 큰 호응을 얻는다는 것은 흔한 일이 아니었다.

1762년 5월 크리스티안 바흐는 밀라노 성당의 참사회에 "영국에 가서 오페라를 두 곡 작곡하고자 오는 7월부터 1년 동안……"[21]이라고 쓴 휴가 청원서를 올렸다. 런던 헤이마켓에 있는 킹스 시어터의 제안은 26세의 이 젊은 음악가에게 헨델과 비슷하게 출발하는 출세의 길을 열어 주었다.* 헨델이 세상을 뜬 지 3년 후쯤에 크리스티안 바흐는, 남편과 함께 킹스 시어터를 이끌어 가는 여성 성악가 콜롬바 마테이에게 고용된다. 크리스티안 바흐의 명성이 어느새 그렇게 영국에까지 알려졌느냐며 놀랄 것은 없다. 당시에도 인기 있는 작곡가와 성악가들은 유럽 곳곳의 주요 이탈리아 오페라 중심지들(물론 런던도 포함됨)을 빈번히 오가며 활동했으니 소문은 금세 퍼졌다. 그렇기는 하지만 크리스티안 바흐의 오페라계 입문과 관련하여 이름이 거론되곤 하는 그 필리포 엘리시라는 성악가가 런던과 계약을 맺을 그 무렵에 크리스티안 바흐를 특별히 추천하지 않았을까 한다.

'음악의 색슨 마스터', '색슨 선생'으로 소개된 크리스티안 바흐

---

* 런던은 당시 유럽 최대의 도시였다. 인구도 파리의 두 배에 달하고, 공연계의 시스템도 잘 정비되어 각국의 비르투오소들이 모여들었다.

는 곧장 신작 오페라로 런던의 청중 앞에 나서기보다는, 여러 작곡가의 기존 오페라에서 개별 부분들을 모아 새로운 작품으로 만드는 이른바 파스티치오로 일단 자신의 존재를 알리려 하였다.[22] 마침내 1762년 11월에 크리스티안 바흐는 파스티치오 작품 《스승과 제자Il tutore e la pupilla》로 런던에 데뷔하였다. 이 작품의 서곡은 그가 나폴리에서 작곡한 한 칸타타에서, 그리고 나머지 음악들은 이미 잘 알려진 니콜로 피치니와 조아키노 코키 등의 오페라에서 가져왔다. 이러한 파스티치오 작품은 적당한 새 작품이 없을 때의 임시방편만은 아니었다. 이것은, 한물간 오페라지만 그 안에 있는 각별히 사랑받은 한두 곡을 인기 레퍼토리로 남아 있게 하고, 특별한 기교적 아리아를 부르고 싶어 하는 스타 성악가들의 욕구를 충족시켜 주기도 하였다.

하지만 새로 영입된 대가가 계속 파스티치오 작품만으로 성공을 거둘 수는 없는 노릇이었다. 그는 이제 자신의 작품을 선보여야 했다. 실제로 크리스티안 바흐는 쉬지 않고 부지런히 작곡하여 또 다른 파스티치오 세 작품에 이어서 1753년부터 1767년까지 오페라 세리아 《오리오네Orione》, 《차나이다Zanaida》, 《시리아의 아드리아노Adriano in Siria》, 《카라타코Carattaco》를 세상에 내어놓았다. 그중에서도 특히 《오리오네》와 《차나이다》로 그는 한동안 런던 오페라계의 스타로 군림하였다. 그 가운데 그리스 신화를 소재로 한 오페라 《오리오네》를 듣고서 찰스 버니는 늘 그랬듯이 자연스럽고 우아한 선율과 심도 있는 화성의 결합체라며 칭찬을 아끼지 않았다. 이 선율과 화성의 적절한 혼합은 크리스티안 바흐가 한편으로는 나폴리악파였다는 사실을, 다른 한편으로는 요한 제바스티안 바흐의 아들이자 에마누엘 바흐의 동생임을 여실하게 보여 준다. 런던의 비평가들은 그 밖에도 견실한 오케스트라 파트와 풍부한 악기 편성, 오케스트라가 반주하는 레치타티보의 표현력, 합창을 중시한 점, 끝으로 프리마돈나 안나 루치아 데 아미치스의 목소리에 딱 맞는 음악을 쓴 크리스티안 바흐의 작곡 능력을 높이 평가함으로써 음악 작품을 알아보는 그들의 판단력을 유감없이 과시하였다. 그래서 오늘날에도 그 외의 장단점을 지적하기가 쉽지 않다.

영국의 왕과 왕비는《오리오네》의 초연뿐 아니라 재공연에도 기꺼이 참석하여 고향에서 온 이 음악가를 절대로 홀대하지 않을 것임을 내외에 분명히 알렸다. 크리스티안 바흐는 경제적 이해관계와 술책에 의해 좌우되는 오페라계에서 지속적인 성공이 보장될 수 없다는 사실을 재빨리 간파하고서 일찌감치 독일인 피가 흐르는 왕가와 접촉하고 있던 터였다. 그는 왕비 소피-샬롯테의 음악선생이 되고, 1763년에는 클라비어 협주곡 Op.1을 그녀에게 헌정하였다. 그리고 이어서 다른 작품들의 출판권을 얻어 낼 수 있었다. 1770년대에 크리스티안 바흐는 왕실의 필요에 따라 레슨을 하고 왕비의 실내음악을 감독할 수 있게끔 왕가의 여름궁전 근처에 셋집을 얻었다. 한편 그는 런던에, 특히 궁정에 피아노포르테를 처음으로 알린 음악가 가운데 한 사람이었다.

크리스티안 바흐는 이 새로운 건반악기를 알리려고 꽤 노력했던 모양이다. 여기에서 우리는 1744년 드니 디드로가 에마누엘 바흐에게 연락을 취하였던 사실을 상기할 필요가 있다. 당시에 그 프랑스 철학자는 자신을 크리스티안 바흐의 친구이자 숭배자로 소개하면서 크리

요한 크리스티안 바흐.
그의 유명한 친구인 런던 출신 토마스 게인즈버러가 그린 것으로 요한 크리스티안 바흐의 옛 스승인 볼로냐의 파드레 마르티니가 1776년 게인즈버러에게 부탁해 2년 후에 받은 그림이다.

스티안 바흐가 런던에서 자기 딸에게 피아노포르테를 보내 줬다며 자랑하였다. 이 일련의 일들은 크리스티안 바흐가 당시 유럽의 음악계에서 얼마나 존경받고 있었는지를 말해 준다. 이러한 크리스티안 바흐의 명성을 볼프강 아마데우스 모차르트가 모를 리 없었다. 1764년에 런던에 온 모차르트는 도착 즉시 바흐를 만났다. 그리고 이 여덟 살 소년은 가족과 함께 나선 대대적인 첫 유럽 순회 중 1년 넘게 영국에 머물며 신동으로서 명성을 더욱 확고히 하였다. 이 기간 중에 어린 모차르트가 실로 괄목할 만한 발전을 보이자 이에 만족한 아버지 레오폴트는 영국에 도착한 지 채 몇 주도 안 된 그 해 5월 잘츠부르크의 친구 로렌츠 하게나우어에게 이렇게 편지를 쓴다. "우리가 잘츠부르크를 떠날 때 볼프강이 알고 있던 것은 요즈음에 터득한 것에 비하면 하찮은 정도였네. 지금은 상상력이 넘쳐흐르고 있지."[23]

레오폴트 모차르트가 크리스티안 바흐 같은 유력자를 즉각 알현하지 않았을 리가 없다. 마찬가지로 바흐의 아들 역시 어린 볼프강 아마데우스에게 매혹당했을 테고, 틀림없이 그들이 수월하게 궁정으로 들어갈 수 있는 길을 주선해 주었을 것이다. 모차르트의 누나 난네를은 당시를 회상하며 이들 둘의 즉흥연주 모습을 알려 주고 있으니 말이다. 난네를의 보고에 따르면, 크리스티안 바흐는 어린 모차르트를 "다리 사이에 앉히고, 한 사람이 몇 마디를 치면 다음 사람이 이어받는 식으로 함께 소나타 한 곡을 다 연주하였다. 그리고 그 광경을 보지 않은 사람은 그 곡을 한 연주자가 친 줄로 알았다"[24]고 한다. 크리스티안 바흐와 모차르트가 그 후에 또 만났는지는 알 수 없다. 비교적 상세한 내용이 들어 있는 모차르트 가족의 런던발 편지와 여행기

록에는 어떻든 크리스티안 바흐의 이름이 거의 등장하지 않는다. 사실 크리스티안 바흐가 모차르트의 후원자이자 소개자 역할을 건성으로 하였다고 해도 그리 놀랄 일은 아니다. 당시 런던의 초기 자본주의적 음악계에서는 서로 치열하게 경쟁해야 했고, 채 서른 살도 되지 않은 크리스티안 바흐는 아직 경쟁상대를 진심으로 품어 줄 만한 나이에 이르지 않았기 때문이다.

그렇다 해도 크리스티안 바흐는 그 어린 음악가가 자기를 훌륭한 본보기라고 여기며 자기 작품을 열심히 연주하고 학습하는 것에 반감을 갖지는 않았을 것이다. 모차르트는 노골적으로 크리스티안 바흐의 교향곡을 모델로 삼아 D장조 교향곡 KV 19를 작곡하고, 얼마 뒤에는 그의 클라비어 소나타들을 피아노 협주곡 KV 107로 개작하였다. 뿐만 아니라 이후로도 수년 동안 자신을 크리스티안 바흐와 견주며 창작을 하였다. 저명한 모차르트 학자인 테오도르 비체바와 조르주 생푸아는 "모차르트는 완벽한 아름다움의 비밀인 자신의 천재성 외에는 추가해 넣은 것이 없었다"라고 당시의 상황을 말해 주고 있다.[25] 루트비히 핀셔는 같은 상황을 반대의 시각으로 보았다. 요한 크리스티안 바흐가 모차르트의 음악양식을 어느 누구보다도 뚜렷하게 선취하여 "그의 작품들이 무미건조한 모방작처럼 보이는" 불운을 당했다는 것이다. 당시 크리스티안 바흐가 "유럽의 보편성"을 대표하는 선구자적 인물이었음에도 말이다.[26]

모차르트가 아직 런던에 머물던 1765년 크리스티안 바흐의 음악활동은 정점에 올라 있었다. 카스트라토 주스토 페르디난도 텐두

"요한 크리스티안 바흐의 Op.3(1765) 이후의 교향곡들에서 교향곡이라는 장르의 이상이 넘치도록 온전하게 구현되고 있다는 인상이 강하게 든다. 오케스트라의 화려함과 활기, 인상적인 경쾌함, 도시적 우아함이 거부할 수 없이 완벽하게 균형을 이룬 구조와 완성의 경지를 감지하고, 모든 면에서 타당하며 명확한 비율을 계산하고, 경제적이면서도 다채로운 오케스트라의 처리를 가능케 하는 확실한 형식감과 어우러진다." 이렇게 요한 크리스티안 바흐의 교향곡을 극찬한 이는 음악학자 슈테판 쿤체인데, 그는 하이든과 모차르트의 성숙기 교향곡들에서나 이와 유사하거나 더 나은 점이 발견된다고 주장하였다.[27]

치가 주역을 맡은 오페라《시리아의 아드리아노》가 전문가들에게서만 호응을 얻었는데도 그 결과와 상관없이 크리스티안 바흐는 정기 연주 시리즈의 감독 자리를 차지하였다. 이 시리즈는 카사노바의 연인이었던 여성 성악가 테레사 코넬리스의 주관으로 소호 스퀘어의 칼라일 하우스에서 열렸는데, 여기에서는 무도회를 비롯하여 롤러스케이트를 타는 바이올리니스트 또는 바이올린을 연주하는 롤러스케이터에 이르기까지 갖가지 오락거리를 즐길 수 있었다. 한편 크리스티안 바흐와 그의 친구 카를 프리드리히 아벨은 이보다 수준 높은 연주회를 주관하는 책임을 맡게 되었고, 이 바흐-아벨 연주회는 곧 런던의 인기 공연물로 자리 잡았다. 나중에 바흐-아벨 연주회는 킹 스트리트의 미스터 올맥 클럽으로 장소를 옮겨 계속되었다.

여기에서 아벨을 간단히 소개하자면, 그의 아버지 크리스티안 페르디난트 아벨은 쾨텐의 아버지 바흐 밑에서 궁정 음악가로 활동하였고, 아벨 자신은 감바와 첼로 비르투오소로 세상을 떠돌다가 1759년 런던에 정착하였다. 1763년부터는 미어드 스트리트에서, 그 후에는 소호의 킹스 스퀘어 코트에서 크리스티안 바흐와 함께 살았다. 처음에 두 사람은 바흐-아벨 연주회에서 음악만 담당하다가 나중에는 감독 일까지 맡았는데, 이 연주회는 도시의 새로운 시민을 위한 음악시장을 개척하고 운영하는 사업에서 매우 독창적이고 모범적인 예가 되었다.

이 두 음악가는 때로는 500명에 육박하는 예약자들을 등에 업고 사업 파트너인 대★ 무용가 조반니 안드레아 갈리니를 앞세우고서 고상한 분위기의 하노버 스퀘어 근처에 토지를 매입하여 그 정원에 연

바흐-아벨 연주회에서는 최고의 것만 용납되었다. 동판으로 인쇄된 입장권.

주회장을 세웠다. 호화롭게 지은 이 연주회장은 한때 게인즈버러*의 그림들로 장식되었는데, 그 "그림들은 뒤쪽에서 빛을 비출 수 있는 투시화로, 그 빛이 샹들리에나 촛불 없이도 홀을 밝히기에 충분하였다"고 한다. 이는 1775년 2월 1일에 개장된 이 연주회장 소식을 알리는 글에 실려 있다.[28] 이렇게 전성기에는 1년에 총 15회, 그러니까 1월부터 5월까지 매주 수요일마다 연주회가 열렸다. 그러나 사업가적 용기

---

* 토마스 게인즈버러(1727-1788)는 당대 최고의 풍경화가였고, 풍경 안에 인물을 배치한 독특한 초상화로 유명하였다. 그는 또한 매우 뛰어난 비올라 다 감바 연주자였다. 친구 아벨이 그의 감바 선생이었다.

로 보이던 일들이 결국 작지 않은 경솔함이었음이 점차 드러나기 시작하였다. 날로 치열해지는 경쟁 속에서 바흐-아벨 연주회의 수입은 서서히 줄고, 1778년부터는 상황이 급격히 나빠졌다. 추측하건대 한 예술 후원자가 지원한 이 사업은 결국 크리스티안 바흐가 세상을 뜰 때까지 매우 힘겹게 유지되었다.

연주회의 프로그램은 아벨 역시 상당한 실력파 작곡가여서 대개 기획자 자신들의 작품들로 꾸렸던 것 같고, 주로 당시의 취향을 따르는 소규모 칸타타와 아리아, 가곡, 클라비어와 실내악, 교향곡, 독주 악기와 오케스트라를 위한 협주곡 등이었다. 자기 개인의 사업을 위해 작곡한 폭넓고 다채로운 바흐의 작품들은 대중의 요구와 작곡가의 명예심 간의 상호작용이 충분히 생산적일 수 있다는 것을 보여 주는 좋은 예다. 이는 하이든의 '런던 교향곡'*들에서도 입증되는데, 그 교향곡들로 하이든이 거둔 성공은 크리스티안 바흐나 아벨 같은 선배들의 이 같은 사전 작업이 없었다면 불가능하였을 것이다.

1770년에 킹스 시어터에서 글루크의 《오르페오》를 저녁 시간을 온전히 채울 만큼 연장해서 연주해야 할 상황이 벌어지자, 크리스티안 바흐는 이에 맞춰 아리아 네 곡을 작곡하도록 부탁받았다. 몇 년 후에 나폴리에서 다시 이런 식으로《오르페오》를 무대에 올려야 하는 똑같은 상황이 닥치자 그 곳 관계자들은 크리스티안 바흐에게 조

＊　에스테르하지 궁에서 물러난 후 하이든은 음악흥행사 잘로몬의 주선으로 런던을 방문한다. 그리고 교향곡 제93-98번까지 여섯 곡, 두 번째의 제99-104번까지 총 12곡의 '런던 교향곡'을 작곡하였다. 대성공을 거둔 이 작품들 가운데《놀람 교향곡》,《군대 교향곡》,《시계 교향곡》등 유명한 곡들이 있다.

언을 구하면서 차제에 아예 이탈리아로 돌아오라고 권유하였다. 그의 승낙을 받아 내려고 나폴리 측이 취한 이런저런 외교적 조처들을 보면 당시에 그가 얼마나 높은 명성을 누렸는지 알 수 있다. 하지만 그는 런던을 떠나지 않았다. 그리고 1772년에 장르로는 가벼운 오페라에 가깝고, 추측건대 무대장치 앞에서 연극처럼 연주된 칸타타《엔디미오네Endimione》로 큰 성공을 거두었다. 1999년에 녹음된 CD로 이 작품을 들어 본 사람이라면 곳곳에서 모차르트를 연상시키는 경쾌한 음악언어에 깜짝 놀랐을 것이다. 이 오페라의 초연에 모차르트네와 가까이 지내던 만하임의 플루티스트 요한 밥티스트 벤들링이 참여하였다. 모차르트의 어머니는 크리스티안 바흐가 벤들링의 열여섯 살 된 딸 아우구스타를 연모하고 있다는 것을 눈치 채고 있었다. 아우구스타는 그의 사랑을 받아들이지는 않았으나, 자신을 연모하는 그가 만하임 궁정에서 오페라를 위촉받도록 아버지가 그를 돕는 데에는 굳이 반대하지 않았던 모양이다. 그리하여 그의 오페라《테미스토클레Temistocle》가 1772년 말 만하임 궁정에서 안톤 라프 주역으로 지체 높은 분들의 기대 속에서 화려하고 성대하게 울려 퍼졌다. 그 가운데 '먹구름Fosca nube' 같은 아리아가 뿜어내는 풍부한 감성과 섬세한 상황묘사는 다시금 모차르트를 연상케 한다.

크리스티안 바흐는 이어 팔츠 선제후의 여름별장인 슈베칭엔에서《엔디미오네》로, 만하임 극장에서 다시 한번 오페라 세리아《루치오 실라Lucio Silla》로 대성공을 거두었다. 런던에서는 오페라 세리아《쉬피오네의 자비La clemenza di Scipione》가 좋은 반응을 얻었다. 이 오페라는 1778년 초 런던에 와 있던 형 프리드리히와 조카 빌헬름 프리드리히 에른스트도 같이 보았을 것이다. 여기에 출연한 성악가 중에는 훗날 모차르트가《후궁 탈출》초연 때 벨몬테 역을 맡긴 요한 발렌틴 아담베르거도 있었다. 몇 달 뒤에 크리스티안 바흐는 '아홉 뮤즈의 롯지'에 가입하였다. 하지만 그 후에 프리메이슨의 음악행사와 관련해 간혹 그의 이름이 등장하긴 하나 에마누엘 바흐와 달리 그는 특별히 프리메이슨적인 음악을 남기지는 않았다.

다사다난했던 1778년에는 이탈리아 오페라 세리아의 프랑스식 변종인 서정비극Tragédie lyrique을 작곡해 달라는 의뢰도 들어왔다. 모차르트는 파리에서 아버지에게 보내는 8월 27일 자 편지에 "런던의 바흐는 벌써 14일째 이 곳에 머무르고 있는데, 프랑스 오페라를 쓰려는 것 같습니다"라고 보고하고 "아버지도 아시다시피 저는 진심으로 그를 사랑합니다. 그리고 존경합니다"라고 고백한다.[30] 모차르트가 "특히 좋아한" 것은 그의 유명한 아리아 '나는 모르네, 이 애틋한 사랑이 어디서 왔는지 non sò d,onde viene'였다. 모차르트는 자신이 경외하는 그 음악가와 거리를 둘 수 있다는 것을 확실히 해두려고 몇 달 전 만하임에서 이 아리아를 가지고 '습작'을 만들기도 했는데(KV 294), 자기 집에 드나드는 성악가 라프가 부르는 이 노래를 이제 파리에서 듣게 된 것이다.[31]

프랑스에서 크리스티안 바흐는 우선 분위기를 살피는 일에 주력하였다. 따라서 우리는 잠시 다시 런던으로 눈을 돌려야겠다. 그 곳에서 그는 이미 오래전부터《엔디미오네》의 런던 공연에 참여했던 이탈리아의 여성 성악가 체칠리아 그라시와 함께 연주회를 열곤 하였다. 당시에 그는 여전히 벤들링의 어여쁜 딸에게 구애 중이었으나 그녀는 선제후 카를 테오도르의 소실 역할에, 그 다음에는 음악 감독 요제프 안톤 그라프 제아우의 연인으로 만족해하였다―레오폴트 모차르트 눈에는 그렇게 비쳤다―. 그러나 1773년에서 그 이듬해로 넘어갈 즈음 크리스티안 바흐의 상황은 완전히 달라졌다. 그는 아벨과 함께 지내던 집을 나와 그라시와 동거를 시작하였다. 그리고 바로 그 해에 서너 살 아래인 이 여인과 조용히 결혼식을 올렸다. 돈 때문이라는 설도 있었다. 여하튼 그들의 혼인 날짜는 알려지지 않았고, 또 그 전에 아벨과 그라시의 친밀했던 관계는 어떻게 잘 정리되었는지도 당대의 기록으로는 자세히 알 수가 없다.

요한 크리스티안 바흐의 런던 시대 파트너
카를 프리드리히 아벨.
토마스 게인즈버러의 그림, 1777.

　크리스티안 바흐는 그 후로도 계속 런던 사람들을 즐겁게 해주려고 온갖 장르의 음악을 작곡하였다. 그는 1766년부터 인기 여성 성악가 웨이치셀을 위해 대중적인 노래도 썼는데, 그녀는 놀이공원 북스홀에서 연주회를 열기도 했지만 곧 싱싱하게 젊은 자기 딸 엘리자베스에 밀려 묻히고 말았다. 크리스티안 바흐는 또 왕실극장 코번트 가든에서 공연된 영국 민속코미디와 가면극의 음악도 맡았다.

　런던의 바흐는 종교음악 분야에서만큼은 그리 뛰어난 실력을 발휘하지 못하였다. 그가 주관한 1770년 사순절 기간의 오라토리오 연주 시리즈는 여왕이 적극적으로 후원했는데도 실패로 끝나고 말았다.

그뿐만이 아니다. 당시의 기록을 믿어도 좋다면, 예전에 헨델이 해왔던 전통에 따라 그가 휴식시간에 오르간을 연주하자 청중은 야유를 하고 소년합창단원들도 비웃었다고 한다. 그의 종교음악의 흐름이 지나치게 세속적이었던 것일까? 독일에서도 종교음악가로서의 그에 대한 평가는 그리 좋은 편이 아니었다. 빌헬름 하인제의 소설 『호엔탈의 힐데가르트』에서 종교음악의 본질을 논하는 사람들은 어찌 되었든 크리스티안 바흐가 그의 〈살베 레지나〉(W E 24로 추측됨)를 "샴페인과 부르고뉴 포도주를 마시며 건강하고 쾌적한 삶 속에서" 작곡했을 것이라고 추측하고 있다. 즉, 이 작품은 "미적인 면모"를 보이지만 "경건한 고상함"도 풍긴다고 평가한다.[32]

런던 북스홀 정원의 원형홀에서 열린 연주회.
이 곳에서 크리스티안 바흐의 대중적인 노래들도 불리었다. 토마스 롤런드슨의 수채화, 1784.

1779년 말《갈리아의 아마디스Amadis de Gaule》의 파리 초연은 왕비 마리 앙투아네트와 그녀의 궁정 신하들이 참석한 가운데 열렸다. 그 오페라가 성공하지 못했음에도 바흐는《옴팔레Omphale》로 또 한 번의 시도를 감행하였다. 이 작품은 단편으로 남아 있었는데, 지금은 그마저도 사라지고 말았다. 런던에서 크리스티안 바흐는 이제 더 이상 오페라 작곡가로서도 기악 작곡가로서도 주목할 만한 성과를 내지 못하였다. 그렇지만 그의 대표 작품이라 할 수 있는 콘체르탄트 심포니 W C 32~48과 완전히 모차르트풍으로 작곡된 여섯 개의 클라비어 협주곡 Op.13, 그리고 그의 사후에야 출판된 심포니 Op.18의 여섯 곡으로 자신의 건재를 과시하였다.

크리스티안 바흐의 음악활동은 여전히 활발하였지만 말년에 이르러 그를 비추어 주던 행운의 별은 서서히 그 빛을 잃어 갔다. 바흐-아벨 연주회의 수익은 점점 줄고, 게다가 부정직한 극장관리인 탓에 그는 1200파운드의 손실을 입었다. 그는 어쩔 수 없이 마부에게 100파운드를 빌려야 할 지경에 이르렀지만 그 돈조차 갚을 길이 막막하였다. 이 같은 재정적 몰락과 함께 건강마저 나빠지고, 과음으로 인해 그 상태는 급격히 악화되었다. 크리스티안 바흐는 기분 전환을 위해 당시 런던 근교의 작은 마을 패딩턴으로 여행을 떠나지만 결국 그곳에서 자신의 처지를 비관하며 유서를 쓴다. 그리고 1782년 정월 초하루에 세상을 떠난다. 성악가 안드레아 모리지는 그의 사인이 "흉부 질환"이라고 밝혔다.[33] 장례식은 미들섹스 백작령 내 세인트 판트라스 가톨릭 묘지에서 조용히 치러졌다. 요즈음에는 여기에서 사람들이 테니스를 치기도 한다. 나이 마흔일곱도 채 안 된 이 음악가는 아

빌헬름 프리데만은 안정된 직업 없이 베를린에서 살고 있다. 그는 미완성으로 남은 오페라《라수스와 리디에》를 작곡하는 중이다. 카를 필리프 에마누엘은 성공적으로 함부르크에 정착하여 최고의 명성을 누리고 있다. 그리고 30곡이 실린《종교적 노래와 가곡들Geistliche Gesänge und Lieder》및《전문가와 애호가를 위한 소나타들》제2권을 출판한다. 뷔케부르크의 요한 크리스토프 프리드리히는 필리프 에른스트 백작의 아내로 궁에 들어온 율리아네 공주를 새 클라비어 제자로 맞는다. 그는 모테트〈나는 누워 잠드네Ich liege und schlafe〉를 작곡하고, 먼 타지 런던에서 클라비어 협주곡 여섯 곡을 출판한다. 2년 전 동생 요한 크리스티안을 방문하고 온 뒤의 일이었다. 요한 크리스티안은 파리에서 공연될 새 오페라를 쓰고 있고, 팬터마임〈난센스의 천재The Genius of Nonsense〉창작에 참여한다. 그 외에도 클라비어-바이올린 소나타 네 곡 Op.18, 그리고 사중주 Op.19 네 곡을 작곡하였다. 그 유명한 바흐-아벨 연주회는 계속되고 있으나 이 막내아들의 별은 이제 점점 기운을 잃어 간다.

내에게 (자녀에 관해서는 알려진 바가 없다) 4000파운드에 가까운 빚을 남겼다. 그 사정을 살펴 여왕은 채권자들을 설득해 체칠리아 그라시가 그녀의 나라로 돌아갈 수 있게 조처하여 주었다.

크리스티안 바흐의 파트너 아벨은 시즌이 끝날 때까지 연주회 시리즈를 계속 진행하였다. 이 시리즈의 마지막 어느 저녁연주회에 나중에 닥칠 재정파탄을 예고라도 하듯 아벨과 크리스티안 바흐, 게인즈버러는 당시 런던 사람들이 두려워하던 노상강도들에게 습격을 당하였다. 이 세 친구가 1775년 7월의 어느 날 저녁 마차로 시골길을 달리고 있었다. 앞서가던 아벨은 무사했지만 크리스티안 바흐는 "돈이나 시계 내놓아라!"라는 고함 소리에 놀라 잠에서 깨어났다. 법정에서 그는 무뚝뚝하게 "그 일은 순식간에 일어났습니다!"라고 증언하고, 20파운드 정도의 금시계와 3파운드짜리 시곗줄, 현찰 1기니를 빼앗겼다며, 조서에 "저는 제 물건을 빼앗아 간 사람을 못 알아볼 것 같습니다"라고 덧붙여 진술하였다.

서 하이든의 교향곡이 울려 퍼졌고, 이것은 여러모로 의미하는 바가 크다. 이는 이제 런던에서 하이든의 시대가 펼쳐진다는 시그널이었다. 하지만 이 문제에 관한 결론은 모차르트가 내린다. 그는 1782년 4월 아버지에게 보내는 편지에 "영국인 바흐가 타계한 것을 알고 계시지요? 음악계에 정말 애석한 일이 아닐 수 없습니다!"라고 썼다.[34]

요한 크리스티안 바흐가 속했던 시대의 정신은 이제 그에게 이별을 고하였다. 우리는 동생의 음악은 귀를 만족시킬 수 있을지언정 가슴은 공허하게 할 뿐이라던 에마누엘 바흐의 비난을 익히 안다. 우리가 만약 이 발언에 담긴 윤리적 평가를 간과한다면, 이탈리아에서 유래한 '새로운 희극적 음악'에 대한 회의만 남게 될 것이다. 그렇지만 바로 그 자리에 특히 모차르트가 구체화한 '고전주의 양식'이 깊숙이 뿌리를 내린다. 즉 음악언어의 유연성과 직접성, 자발성, 그리고 불연속성도 자의恣意의 결과가 아니라 독창적이고 견실한 한 음악가의 자유로운 전개방식으로 이해하는 것이 옳다. 만약에 모차르트가 없었다면 크리스티안 바흐는 그의 음악의 본질인 경쾌함과 여유로움을 앞세워 그 시대를 대표하는 가장 중요한 음악가로 자리매김 되었을 것이다.

　우리는 에마누엘 바흐식 클라비어 론도가 들려주는 유머의 즐거움은 어디서든 누릴 수 있다. 그러나《후궁 탈출》의 서곡을 들을 때 느끼는, 유쾌하게 박수 치고 싶은 충동은 이에 견줄 만한 크리스티안 바흐의 서곡을 들을 때에만 발생한다. 포르켈은 크리스티안 바흐를 "당대에 널리 사랑받은 국민작곡가"라고 칭하였다.[35] 참으로 영광

조각가 카를리니가 설계한
요한 크리스티안 바흐의 묘비.

불연속성도 자의恣意의 결과가 아니라 독창적이고 견실한 한 음악가

스러운 칭호가 아닐 수 없다. 이는 일화를 광적으로 좋아한 19세기에 크리스티안 바흐와 관련하여 세간에 떠돌던 다음과 같은 말과도 일맥상통한다. "나의 형(에마누엘 바흐)은 작곡하기 위해 살았고, 나는 살기 위해 작곡하였다."[36]

당대에, 에마누엘 바흐와 크리스티안 바흐 중 누가 더 유명했을까? 아니면, 누가 더 중요했는가? 이 질문은 어차피 객관적인 답이 불가능해 무의미한 것일지도 모른다. 하지만 숙고의 여지는 있다. 명성에서는 둘이 비슷하였다. 그러나 두 사람이 누린 명성의 종류는 확실히 달랐다. 에마누엘 바흐는 한 시기—후기 바로크와 고전주의 사이—에 북독일이라는 특정한 지역에서 음악의 보증인이었다. 가끔은 까다로웠지만 어떻든 넓은 아량을 가진 음악가였다. 그리고 새로이 허락된 시민의 독립과 자유로 무엇을 어찌해야 할지 아직 제대로 알지 못하는 고객들에게 그는 '계속 나아갈 것이다'라는 신호를 주고 전통과 진보, 윤리와 자족을 동시에 충족시켰다.

이에 반해 이복동생 크리스티안 바흐는 사회적 변혁과 그 변혁의 흐름 안에서 새로운 자리를 찾아야 한다는 문제에 별다른 생각을 갖지 않았다. 그는 일차적으로 오페라 작곡가였다. 그 분야에서는 '어떻게든' 진전이 가능하였고, 글루크 같은 대가가 아니어도 현금거래와 단기적 성과로도 입에 풀칠은 할 수 있었다. 이런 자세가 에마누엘 바흐의 눈에는 무책임한 것으로 비쳤던 것이다. 그렇지만 이성의 교묘한 농간은, 바로 그 무책임이라는 것이 빈 고전주의에서 새로운 인도주의적 이상과 결합될 희극적 음악양식을 촉진시켜 주기를 바랐다. 그런데 그 새로운 인도주의적 이상이 크리스티안 바흐의 구상과 계획에 아직 존재하지 않았던 것이다. 사교계 인사들도 음악에 관한 그의 특정한 철학이 아니라 그의 아리아가 뿜어내는 화려함과 유쾌한 악곡들의 가창성에 반해서 그에게 찬사를 보냈다. 그리고 크리스티안 바흐가 음악에서 보여 주는 매력뿐만 아니라 한 예술가로서 여유롭게 살아가면서 보여 주는 인간적 매력에 끌렸던 것이다.

이 동생에 대한 형의 불쾌감에서는 질투 같은 것이 얼핏 보인다. 그 감정을 잃어버린 아들에 비유하자면, 고향에 남아 아버지가 물려주신 유산을 성실하게 지켜 온 아들이 어느 날 세상을 떠돌던 동생이 귀향하면서 야기되는 혼란을 쳐다보며 느끼는 그런 심정이라 하겠다. 아무 공적도 없으면서 사랑받아도 된단 말인가? 하지만 조국을 등지긴 했으되 크리스티안 바흐는 오로지 홀로서 온갖 위험을 감당했고 또 한없이 부지런했으니 당연히 사랑받아 마땅하였다. 가끔은 부르고뉴 포도주와 안락한 삶이 있어 기분 전환이 되긴 했겠지만 그는 늘 오페라와 협주곡, 소나타를 쓰며 그 음악의 매력이 다 나타나게끔 한 음 한 음 작곡하여 악보로 옮기지 않았는가.

에마누엘 바흐는 하이든과 베토벤을 통해, 그리고 크리스티안 바흐는 모차르트를 통해 빈 고전주의에 크게 기여하였다. 에마누엘 바흐는 그 질풍노도를 헤치고 용감하게 노를 저어 동시대인들을 이쪽 해안에서 저쪽으로 안전하게 실어 나른 사공이었다. 반면 크리스티안 바흐는 약속된 황금의 단서를 제대로 쫓은 용감한 모험가였다. 따라서 이 두 음악가가 없었다면 이른바 빈 고전주의는 그 보편적 가치를 창출하지 못했을 것이다.

바흐의 두 손자:
빌헬름 프리드리히 에른스트와 요한 제바스티안 바흐

"거대한 조류가 그 도도한 물줄기를 네 지류로 나누어 세상 곳곳으로 보냈고, 그 지류들은 아름다운 물결을 다 상실해 버린 늪에서 모두 다시 만났다." 계몽주의자이자 괴테의 친구인 요한 프리드리히 라이하르트는 1791년 바흐 일가가 처한 상황을 이렇게 묘사하였다. "가장 위대한 예술가" 요한 제바스티안이 훌륭한 아들을 여럿 둔 것은 틀림없는 사실이다. "할레의, 베를린의, 영국의 (혹은 밀라노의), 뷔케부르크의 바흐를 모르는 사람이 어디 있겠는가?"[1] 하지만 뷔케부르크의 바흐까지 이제 그들 모두가 세상을 떠났다. 그들이 남긴 작품은 불후의 명작이 아니었으며, 음악사의 큰 흐름 속으로 쓸려가 버렸다.

네 형제가 생전에 어떤 관계를 맺고 살았는지 자세히는 알려지지 않았지만, 성인이 된 후 이들은 그저 가끔 연락을 주고받는 사이였다. 오고간 편지들이 전혀 남아 있지 않으니, 이는 전해 오는 과정에서 어떤 이유로 사라졌기 때문만은 아니었을 것이다. 선조들 대(代)에서는 일종의 관례처럼 이어 왔던 집안 모임도 이들 세대에서는 이루어지지 않았다. 물론 이들은 위대한 아버지의 아들로서 싫든 좋든 형제지간이었다. 그런 관계가 어쩔 수 없이 서로 경쟁을 하게 만들었을 테고, 네 형제는 일찍부터 저마다의 길을 홀로서 개척해야 한다고 마음먹게 되었을 것이다.

당대의 탁월한 음악가들로서 네 형제는 사회 전반에 걸친 변화의 대변자들이었고, 그 사회적 변화는 이들의 삶과 음악에서 뚜렷하게 구체화되었다. 아직 봉건적, 신분계급적 체제 하에 있었던 아버지는 점차 자유주의적으로 변해 가는 시민사회로 아들들을 떠나보냈다. 할레, 함부르크, 뷔케부르크, 런던은 그들의 주요 활동 근거지인 동시에 네 가지 독특한 음악적 삶을 나타내는 암호이기도 하다. 맏아들은 보잘것없는 교회 직무와 프리랜서 예술가라는 양극단을 오가며 과다한 에너지를 소모했지만, 미래 예술가상의 모델이 되었다는 점에서 칭송받을 만하다. 추진력과 상냥함, 폭넓은 교양과 사업 감각을 두루 갖춘 둘째 아들은 궁정 고용인에서 시민사회의 유행의 선도자로 출세할 수 있었다. 그가 살던 집은 바이마르의 프라우엔플란에 있는 괴테의 저택과는 비교될 수 없겠지만, 안락한 한자Hansa 도시 취향의 가구와 장식들로 19세기 살롱의 모습을 보여 준다. 셋째 아들의 경우, 늘 가슴에 품고 살았을 생존에 대한 두려움이 그를 평생 보잘것없는 한 자리에 묶어 두었으나, 시민들의 음악시장에서 주목할 만한 활동을 하는 것까지는 허락을 받았다. 막내아들은 자신의 삶과 작품을 작열케 하고 남김없이 불태우는, 외향적이고 처세에 능한 예술가상의 진수를 보여 주었다. 그러나 그는 대중적 성공을 담보와 자산 가치로 활용하기에는 너무나도 뼛속 깊이 예술가였다.

빌헬름 프리데만 바흐가 청중과의 소통을 유별나게 어려워한 반면에, 세 동생들은 각자 주변 환경과 타협하면서 자신의 뜻을 실현해 내는 뛰어난 수완을 보여 주었다. 우리는 그들이 언제 그리고 구체적으로 어떻게 자발적 의지 그 이상으로 주변 상황을 살필 수밖에 없게 되었는지 알지 못한다. 그러나 전반적으로 그들은 자기 주변과 상당히 좋은 관계였을 것으로 추측해 볼 수 있다. 즉 세 형제는 사람들이 기대하는 음악을 기꺼이 작곡하고, 사람들은 세 형제가 쓰는 작품을 즐거운 마음으로 기다렸을 것이다. 아버지 바흐는 결코 그러하지 못했기에 신화가 되었는지도 모른다.

베토벤의 시대에 들어와서는 이것도 과거의 이야기가 되어 버렸다. 이 시대에는 고급예술과 실용예술의 구분이 생겨났고, 그 경계선은 능력보다는 신념과 자기평가에 의해 정해졌다. 능력 면에서 요한 제바스티안의 후손 가운데 마지막 작곡가인 손주 빌헬름 프리드리히 에른스트는 아버지 요한 크리스토프 프리드리히보다 나았을 수 있다. 하지만 그의 경력과 작품은 사회에서 음악의 기능이 점차 세분화되는 흐름 속에서 더 이상 진지하게 받아들여지지 않았다.

1778년 당시 열아홉 살이던 그는 요한 크리스티안 바흐를 방문하면서 첫 성공을 맛보았다. 이 런던의 삼촌이 주선해 준 덕분에 그는 클라비어 레슨을 하고 자신의 대규모 클라비어 소나타를 들고 무대에 올랐으며, 첫 실내악곡들을 출판할 수 있었던 것이다. 그런데 그 길을 터준 요한 크리스티안 바흐의 몰락을 지켜본 그는 삼촌이 세상을 떠난 후에야 프랑스와 네덜란드를 두루 돌며 연주여행을 하고 고향으로 돌아갔을 것이다. 그는 1784년부터는 '민덴 애호가 연주회'의 지휘자로 활동했으며, 1788년 7월에는 그 곳에서 칸타타 〈널리 사랑받는 왕을 맞이한 베스트팔렌의 기쁨Westphalens Freude ihren vielgeliebten König bey sich zu sehen〉을 연주하였다. 빌헬름 프리드리히 에른스트 바흐가 작곡한 이 칸타타는 새 프로이센의 왕 프리드리히 빌헬름 3세를 위한 공식적인 경의 표시였다. 기분이 좋아서였는지 깊은 인상을 받아서였는지, 1789년에 프리드리히 빌헬름 3세는 그를 베를린 궁정의 음악가로 채용하였다. 그리하여 빌헬름 프리드리히 에른스트 바흐는 1797년부터 프리드리히 빌헬름 3세의 왕비 루이제와 그녀의 일곱 자제의 레슨을 맡게 되었다. 그의 유품 가운데 네 손과 여섯 손을 위한 익살스런 클라비어곡 같은 작품들은 궁정의 수업 분위기를 부드럽게 해보려고 만든 것임에 틀림없다. 그는 1810년 루이제 왕비가 세상을 떠나 차츰 일거리가 줄자 결국 1819년에 퇴직하였다. 그 즈음에 그는 첫 부인과 사별하고 두 번째 아내를 맞았다.

빌헬름 프리드리히 에른스트 바흐.
요한 제바스티안 바흐의 마지막 직계
자손. 이 그림은 베를린 성악아카데미
의 소유였으나 지금은 사라져 버렸다.

할아버지 바흐의 아들들을 본보기로 삼아 빌헬름 프리드리히 에른스트는 프로이센 왕비의 음악선생 일에 머물지 않았다. 그는 베를린에 입성하면서부터 고전주의 양식으로 작곡된 클라비어 음악과 실내악을 출판하고, 『음악저널Musikalisches Journal』이나《클라비어를 위한 월간 결실Monats-Früchte für Klavier》 같은 대중적인 작품집에 부지런히 곡을 실었다. 1821년경에는 〈'어제 저녁에 사촌 미헬이 왔어요' 주제에 의한 12 변주곡Grandes Variations sur un air populaire Gestern Abend war Vetter Michel da〉이 출판되었는데, 이 음악은 그 장황한 제목처럼 유난히 요란스럽게 장식되어 있다. 빌헬름 프리드리히 에른스트는 가곡도 열심히 썼다. 〈베를리나데Berlinade〉와 〈라인 포도주 찬가 Rheinweinlied〉를 비롯하여 실러의 시를 가사로 한, 그러나 사라져 버린 〈환희여, 아름다운 신들의 불꽃이여Freude, schöner Götterfunken〉도 그의 작품이다.

그는 대규모 편성의 성악곡도 빠뜨리지 않았다. 1798년에는 장대한 발레 펜터마임이 왕실극장 단원들에 의해 공연되기도 하였다. 또한 말년에 들어 그는 〈극단장Theaterprinzipal〉, 〈사도신경 Vater unser〉, 〈콜룸부스Columbus〉 같은 갖가지 표제의 작품들을 썼는데, 이 중에서 칸타타 〈사도신경〉과 〈콜룸부스〉는 그가 단원으로 있던 '세 개의 지구로Zu den drei Weltkugeln'라는 프리메이슨 지부를 위해 작곡된 음악이다.

앞에서 개관한 바와 같이 빌헬름 프리드리히 에른스트 바흐는 가정, 연주협회, 합창단 음악에 대한 베를린 시민사회의 요구를 기꺼이 받아들였다. 그리고 고전주의와 낭만주의의 엘리트 작곡가들이

내세운 심오한 사상과 개성을 위한 권리 주장에 맞서지도 않았다. 오히려 정반대로 그는 가곡 〈시인과 작곡가Der Dichter und der Komponist〉에서처럼 익살을 자신의 양식적 특징으로 삼았다. 이 가곡에서는 점잖은 말로 대화를 나누는 배우들이 '림푸르그의 치즈Limpurger Käse', '오이지Saure Gurken' 등 베를린 사투리로 내지르는 노랫소리에 당황하는 모습을 보여 준다.

어찌 되었든 그는 융통성 없는 옹졸한 대가는 아니었다. 상당한 기량을 바탕으로 한 그의 칸타타들은 하이든의 오라토리오에 근접해 있으며, 무엇보다 다채로운 관현악법 면에서 출중하다. 또한 관악 육중주곡들은 수공적 솜씨의 견고함과 참신함이 가득하다. 우리는 그를 할아버지와 비교하기보다 그와 동시대를 산 카를 프리드리히 첼터와 마찬가지로 변혁기에 처한 시민 음악문화의 지침을 제시한 음악가로 바라보아야 할 것이다. 1843년 4월 23일 라이프치히에서 펠릭스 멘델스존 바르톨디 주관으로 열린 바흐 기념비 제막식에 84세의 이 손자는 존경받는 원로로서 주빈들 가운데 있었고, 그리하여 온 세상에 알려진 '음악적' 이름을 가진 그 가문의 마지막 인물로 역사에 남았다.

손자 요한 제바스티안 바흐.
그의 스승 아담 프리드리히 외저가 그린 것으로 추정됨. C. W. 그리스만이 동판에 새김.

　　물론 다른 손자도 있었다. 그 손자는 심지어 할아버지의 이름을 물려받았다. 1748년에 태어난 요한 제바스티안 바흐 주니어는 카를 필리프 에마누엘 바흐의 늦둥이 막내아들이었다. 요한 사무엘이라고도 불린 이 젊은이는 미술에 관심이 많은 데다 재능도 특출하여 베를린에서 에칭 화가 안드레아스 루트비히 크뤼거에게 수업을 받기도 하였다. 그는 1770년에 라이프치히 미술학교에서 학업을 시작하고, 그 학교 교장이자 스승인 아담 프리드리히 외저의 시골 별장을 즐겨 찾았다. 빙켈만의 친구이자 괴테의 그림 선생이기도 했던 외저는 바흐의 재능을 높이 평가하여 그에게 "자연에 관한 연구"를 권했던 것이다.[2]

　　요한 제바스티안 바흐 주니어는 매년 열리는 드레스덴의 미술가 전시회에 참가하고, 얼마 후 드레스덴으로 거처를 옮겨 그 곳 명문 미술학교의 영향권에 속하게 되었다. 소묘가 대부분인 그의 남아 있는 그림들은 고전주의적인, 때로는 거의 낭만주의적인 경향을 보이고, 그 소재들도 풍경, 고대의 신전이나 폐허를 배경으로 하는 자연의 모습, 신화, 목가적인 것을 택하였다. 그의 그림을 원하는 고객들이 금방 나타났고, 이에 따라 요한 제바스티안 바흐 주니어는 몇몇 작품을 다시 더 그려야 했다. 레싱은 친구 에마누엘 바흐의 이 아들을 위해 함부르크로부터 도움의 손길을 뻗어 "그의 선조들이 모두 예술가였으니 훌륭하고 창의적인 화가가 될 것"이라며 그 청년이 미술학교에 지원할 수 있도록 용기를 북돋아 주라고 드레스덴의 사서 카를 빌헬름 다스도르프에게 부탁하였다.[3]

　　1776년 말에 요한 제바스티안 바흐 주니어는 이탈리아로 여행

요한 제바스티안 바흐 주니어가 그린 남국의 이상향적 풍경.
1776년, 그의 작품 중 유화로는 유일하게 남아 있는 이 그림은 이탈리아로 떠나기 직전의 것이다. 이 바흐의 손자
는 이탈리아 여행 중에 이른 나이로 세상을 떠났다.

을 떠났고, 그 여행은 빈, 트리에스테, 베네치아, 볼로냐, 안코나, 로레
토, 테르니를 거쳐 로마로 이어졌다. 그러나 그는 로마에서 덜컥 중병
에 걸리고 말았다. 아버지 에마누엘 바흐는 요한 니콜라우스 포르켈
에게 보내는 1777년 6월 20일 자 편지에 "로마에 있는 내 불쌍한 아
들이 다섯 달 전부터 너무나도 고통스러운 병마에 시달리고 있고 여
전히 위독한 상태입니다. 참으로 마음이 아픕니다"라고 썼다.[4] 얼마
후에 그는 또 브라이트코프에게 "제 주머니 사정이 너무 좋지 않습니
다. 의사와 외과의, 가정부에게 줄 돈과 약값으로 2주 전에 100두카

텐을 송금하였습니다. 게다가 그 가련한 녀석을 위해 엄청난 하숙비를 지불해야 합니다"라고 하소연하였다.[5] 하지만 이 모든 수고는 허사로 끝났다. 이 아들은 슈베르트와 같은 나이로, 채 서른 살에도 이르지 못하고 1778년 9월 11일 로마에서 세상을 떠났다. 그리고 체스티우스 피라미드의 개신교 묘지에 묻혔다. 아버지는 이 아들을 가슴에 묻으며 a단조 론도(Wq 56/5)를 썼다.

저자 주

프롤로그 | 두 어머니: 마리아 바르바라와 안나 막달레나

1   Dok 2, p.21

2   Dok 2, p.82

3   Reinhard Szeskus. "und mich daher in den betrübtesten Wittben-Stand zu setzen(그리하여 서글픈 미망인 신분이 됨)"- Zum Schicksal Anna Magdalena Bachs und ihrer Töchter. Leipziger Kalender 2000, pp.109-160

4   Peter Schleuning. Johann Sebastian Bachs Kunst der Fuge. München. Kassel 1993, p.93

5   Dok 2, p.325

6   Dok 2, p.384

7   Dok 2, p.392

딱한 천재: 빌헬름 프리데만 바흐

1   Forkel, p.48

2   Bitter, Bd. 2, p.166

3   Peter Wollny. Ein Quellenfund in Kiew. Unbekannte Kontrapunktstudien von Johann Sebastian und Wilhelm Friedemann Bach. Ulrich Leisinger(Hg). Bach in Leipzig – Bach und Leipzig. Konferenzbericht Leipzig 2000. - Hildesheim 2002, p.275ff

4   Dok 2, p.20

5   Peter Wollny. Wilhelm Friedemann Bach's Halle Performance of Cantatas by his Father. Bach-Studies. Bd. 2. Hg. von Daniel R. Melamed. Cambridge 1995, pp.202-228

6 Dok 3, p.148

7 프리드리히 빌헬름 마푸르크의 출판물 제목.

8 Christoph Wolff. Probleme und Neuansätze der Bach-Biographik. In: Reinhold Brinkmann(Hg). Bachforschung und Bachinterpretation heute. Leipzig 1981, p.29

9 Dok 1, p.107

10 Christoph Henzel. Zu Wilhelm Friedemann Bahcs Berliner Jahren. Bach-Jahrbuch 1992, pp.110-112

11 Dok 3, p.264

12 Dok 3, p.276 – Vignal의 논문 독일어 번역, p.26

13 Carl Heinrich Bitter, Carl Philipp Emanuel und Wilhelm Friedemann Bach und deren Brüder, Bd.2, 1973, p.227

14 Christian Daniel Friedrich Schubart. Ideen zu einer Ästhetik der Tonkunst. Wien 1806 (Reprint Hildesheim 1969), p.89

15 Henzel. Zu Wilhelm Friedemann Bahcs Berliner Jahren, p.109

16 Bitter, Bd. 2, p.322.

17 Bitter, Bd. 2, p.323

18 Uwe Naumann(Hg). Ruhe gibt es nicht, bis zum Schluß. Klaus Mann(1906-1949). Reinbek 2001, p.195

19 Schubart. Ideen zu einer Ästhetik der Tonkunst. p.89

20 Peter Schuleuning. Die freie Fantasie. Ein Beitrag zur Erforschung der klassischen Klaviermusik. Göttingen 1973, p.144

21 Forkel, p.44

22 Schleuning. Die freie Fantasie, p.249f

23 Peter Wollny: Allgemeine Strategien in Bachs 1. Leipziger Kantatenjahrgang. Martin Geck(Hg). Bachs 1. Leipziger Kantatenjahrgang. Bericht über das 3. Dortmunder Bach-Symposion 2000. Dortmund 2002, p.26

24 Jubiläumsausgabe, Bd. 7, Frankfurt a.M. 1980, p.23 이하.

그 시대의 전형: 카롤 필리프 에마누엘 바흐

1   Karl Geiringer. Die Musikerfamilie Bach. München 1958, p.373

2   Ottenberg, p.19

3   Ottenberg, p.28

4   Ottenberg, p.28

5   Ottenberg, p.19

6   Ottenberg, p.19

7   Ottenberg, p.19

8   Ottenberg, p.20

9   Ottenberg, p.40

10   Dok 3, p.148

11   Ottenberg, p.35

12   Bitter, Bd. 1, p.182

13   Suchalla, Bd. 2, p.1311

14   Suchalla, Bd. 2, p.1113

15   Suchalla, Bd. 1, p.58

16   Darrell M. Berg. Carl Philipp Emanuel Bach und Anna Louisa Karsch. In: Ulich Leisinger und Hans-Günter Ottenberg(Hg). Carl Philipp Emanuel Bachs geistliche Musik. Frankfurt(Oder) 2001, p.55

17   Christian Fürchtegott Gellert. Sämtliche Schriften. Hg. von Julius Ludwig Klee. Leipzig 1839, Teil 8-10, p.246

18   Ottenberg, p.264f

19   Allgemeine Musikalische Zeitung. Leipzig 1811, p.548

20   Georg August Griesinger. Biographische Notizen über Joseph Haydn. Leipzig 1810, Neudruck Wien 1954, p.13

21   Ludwig Finscher. Joseph Haydn und seine Zeit. Laaber 2000, p.428ff

22   Wolfgang Horn. Carl Philipp Emanuel Bach. Frühe Klaviersonaten. Hamburg 1988, p.112

23   Suchalla, Bd. 1, p.149

24 Wiermann, p.227

25 Wiermann, p.119

26 Wiermann, p.209

27 Friedrich Wilhelm Marpurg. Des critischen Musicus an der Spree, erster Band.
    Berlin 1750, p.217

28 Wiermann, p.324

29 Suchalla, Bd. 1, p.127

30 William J. Mitchell. C. Ph. E. Bach's Essay. An Introduction. The Musical
    Quarterly 33 (1947), p.461f

31 Wiermann, p.77f

32 Carl Philipp Emanuel Bach. Versuch über die wahre Art das Clavier zu spielen.
    Berlin 1753, p.117

33 C. P. E. Bach, pp.122, 119

34 C. P. E. Bach, p.122

35 Ottenberg, p.78f

36 Wiermann, p.119f

37 Lessings Werke. Vollständige Ausgabe in 25 Bänden, Teil 19. Hg. von Edmund
    Stemplinger, Berlin esw. o. J., p.213f

38 Suchalla, Bd. 1, p.452

39 Johann Adam Hiller. Wöchentilche Nachrichten und Anmerkungen, die Musik
    betreffend. Bd. 2. 1767/68, p.14

40 Peter Schuleuning. Der Bürger erhebt sich. Geschichte der deutschen Musik im
    18. Jahrhundert. Stuttgart. Weimar 2000, p.430f

41 A, Hyatt King. Mozart im Spigel der Geschichte 1756–1956. Kassel 1956, p.14

42 Suchalla, Bd. 1, p.118

43 Wiermann, p.68

44 Barbara Wiermann. Carl Philipp Emanuel Bachs Gottesdienstmusiken.
    In: Lessinger und Ottenberg(Hg). C. Ph. E. Bachs geistliche Musik,
    pp.85–103; Reginald L. Sanders. Carl Philipp Emanuel Bach und die Musik im

Gottesdienst der Hamburger Hauptkirchen. ibid, pp.104-115

45 Joachim Kremer. Das norddeutsche Kantorat im 18. Jahrhundert. Untersuchungen am Beispiel Hamburgs. Kassel usw, 1995, p.203

46 Kremer, p.185

47 Suchalla, Bd. 1, p.148f

48 Ottenberg, p.74

49 Rachel W. Wade. Carl Philipp Emanuel Bach als Musikdirektor in Hamburg. Leisinger und Ottenberg(Hg). C. Ph. E. Bachs geistliche Musik, p.82

50 Ottenberg, p.74

51 Ernst Fritz Schmidt. Carl Philipp Emanuel Bach und seine Kammermusik. Kassel 1931, p.37f

52 Wiermann, p.452

53 Wiermann, p.454

54 Johann Friedrich Reichardt. Briefe eines aufmerksamen Reisenden die Musik betreffend. Teil Ⅱ Frankfurt a. M. Leipzig 1776, p.13ff

55 Suchalla, Bd. 2, p.1228

56 Suchalla, Bd. 2, p.1240

57 Wiermann, p.224

58 Wiermann, p.398

59 Ottenberg, p.694

60 Wiermann, p.194

61 Wiermann, p.237

62 Suchalla, Bd. 1, p.841

63 Ottenberg, p.223

64 Suchalla, Bd. 1, p.786

65 Hans-Günter Ottenberg. Die Klaviersonaten Wq 55 im Verlage des Autors. In: Heinrich Poos(Hg). Carl Philipp Emanuel Bach Beiträge zu Leben und Werk. Mainz usw. 1993, p.34

66 Suchalla, Bd. 2, p.955

67 Suchalla, Bd. 2, p.1036

68 Ottenberg, p.162

69 Suchalla, Bd. 1, p.475

70 Suchalla, Bd. 1, p.71

71 Suchalla 제1권, pp.659-659 주요 문헌 목록 참고.

72 Ottenberg, p.225

73 Suchalla, Bd. 2, p1263

74 Suchalla, Bd. 1, p.19

75 Carl Friedrich Cramer, Magazin der Musik 1 (1783). Reprint Hildesheim 1971, p.36

76 Arnfried Edler. Wenn man alt ist, so legt man sich aufs Spaßen. Humor und Melancholie in Carl Philipp Emanuel Bachs Klavierrondi. In: Martin Geck. Festschrift zum 65. Geburtstag. Dortmund 2001, p.250

77 Suchalla, Bd. 2, p.891

78 Gesammelte Schriften und Schicksale. Vorrede zu Bd, 3. Stuttgart 1839, p.8

79 Stefan Kunze. Die Sinfonie im 18. Jahrhundert. Handbuch der musikalischen Gattungen. Bd. 1. Laaber 1993, p.245

80 Albrecht v. Massow. Musikalisches Subjekt. Idee und Entstehung in der Moderne. Freiburg I, Br. 2001, p.259

81 Ludwig Finscher. Stille in der Musik. In: Christoph-Hellmut Mahling, Ruth Seiberts. Festschrift Walter Wiora zum 90. Geburtstag. Tutzing, 1997, p.103

82 Forkel, p.44

83 Karl Richter(Hg). Goethe. Sämtliche Werke. Bd. 20.1. München 1991, p.338

84 Ottenberg, p.24

85 Suchalla, Bd. 1, p.712

86 Ottenberg, p.82

87 Denis Diderot. Ästhetische Schriften. Hg. von. F. Bassenge und T. Lücke. Bd. 2. Berlin u. Weinar 1967, p.464

88 Ottenberg, p.83f

89 Ottenberg, p.79

90 Ottenberg, p.84

91 Ottenberg, p.86

92 Ottenberg, p.122

93 Wiermann, pp.119f

94 Schleuning. Der Bürger erhebt sich, p.400

95 Hans Werner Henze. Die englische Katze. Ein Arbeitsbuch 1987 bis 1982. Frankfurt a. M. 1983, p.95

96 사중주라는 명칭은 아마도 피아노의 오른손과 왼손을 작곡기법상 독립된 성부로 보고 붙인 것 같다.

97 Friedhelm Krummacher. Kontinuität im Experiment. Die späten Quartette von Carl Philipp Emanuel Bach. In: Hans Joachim Marx(Hg). Carl Philipp Emanuel Bach und die europäische Musikkultur des mittleren 18. Jahrhunderts. Göttingen 1990, p.266

98 Ernst Fritz Schmid. Vorwort zum Neudruck der 3 Klavierquartette Wq 93-95. Kassel u. Basel 1952

99 Suchalla, Bd. 2, p.1240

100 Suchalla, Bd. 2, p.1283

101 Ottenberg, pp.99, 100f.

102 Schleuning. Der Bürger ethebt sich, p.361

103 Schleuning, p.363

초라한 비르투오소: 요한 크리스토프 프리드리히 바흐

1 Dok 2, p.363

2 Dok 2, p.225

3 Forkel, p.44

4 Bach-Jahrbuch 1963/64, p.62

5 Dok 1, p.123

6 Dok 1, p.123

7   Schünemann, p.55

8   Barbara Wiermann. Johann Christoph Friedrich Bachs Berufung an die evange-
    lisch-lutherische Hauptkirche in Altona. In: Bach-Jahrbuch 1998, p.153

9   Wiermann, Johann Christoph Friedrich Bachs Berufung an die evangelisch-lu-
    therische Hauptkirche in Altona. p.159

10 Hannsdieter Wohlfarth. Johann Christoph Friedrich Bach. Bern 1971, p.53

11 Schünemann, p.154

12 Schünemann, p.58

13 Karl Gottlieb Horstig. Joh. Christoph Friedrich Bach. Nekrolog auf das Jahr
    1795. Hg. von Friedrich Schlichtegroll. Bd. 1. Gotha 1797, p.267f

14 Heinrich Sievers. Hannoversche Musikgeschichte: Dokumente, Kritiken und
    Meinungen. Bd. 1. Tutzing 1979, pp.278-280

15 Ulrich Leisinger. Komposition nach Vorbild – Zur Aneignung des italenischen
    Vokalstils bei Johann Christoph Friedrich Bach. Ms 1999

16 Schünemann, p.59

17 Schünemann, p.65f

18 Schünemann, p.71

19 Georg Schünemann. Friedrich Bachs Briefwechsel mit Gerstenberg und Breit-
    kopf. Bach-Jahrbuch 1916, p.21

20 Schünemann, Friedrich Bachs Briefwechsel mit Gerstenberg und Breitkopf. p.21

21 Schünemann, Friedrich Bachs Briefwechsel mit Gerstenberg und Breitkopf. p.22

22 Johann Gottfried Herder. Briefe. Hg. von Karl-Heinz Hahn. Bd. 2. Weimar
    1977, p.36f

23 Schünemann, p.65

24 Ulrich Leisinger. Die geistlichen Vokalwerke von Johann Christoph Friedrich
    Bach – Aspekte der Entstehungs- und Überlieferungsgeschichte.
    Bach-Jahrbuch 1995, p.126f

25 Leisinger, pp.133-140

26 Leisinger, pp.136-140

27   Ulrich Leisinger. Johann Christoph Friedrich Bach as a Keyboard Composer.
     Early Keyboard Journal. Bd. 13, 1995, p.20

28   Schünemann, in: Bach-Jahrbuch 1916, p.33

29   Bettina Faulstich. Über Handschriften aus dem Besitz der Familie von Ingen-
     heim. In: Acht kleine Präludien und Studien über BACH, Georg von Dadelsen
     zum 70. Geburstag. Wiesbaden usw. 1992, p.54

30   Schünemann, in: Bach-Jahrbuch 1916, p.34

31   Ulrich Leisinger. Johann Christoph Friedrich Bach und Franz Christpoh Neu-
     bauer. Eine musikalische Doppelbiographie. In: Christoph Wolff(Hg): Über
     Leben, Kunst und Kunstwerke: Aspekte musikalischer Biographie. Leipzig 1999,
     pp.236-269

32   Karl Gottlieb Horstig. Franziskus Neubauer. In: Nekrolog auf das Jahr 1795.
     Hg. von Friedrich Schlichtegroll. Bd. 2. Gotha 1798, p.398

33   Horstig, p.398

34   Horstig. Joh. Christoph Friedrich Bach, pp.267f

35   Dok. 3, p.519

현세주의자: 요한 크리스티안 바흐

1   Frank Wedekind. Dramen 1. Berlin 1969, p.496

2   Dok 1, p.261

3   Dok 3, p.291

4   Dok 1, p.209

5   Dok 2, p.503

6   Gärtner, p.145ff

7   Heinrich Miesner. Bach-Gräber im Ausland. In: Bach-Jahrbuch 1936, p.109f

8   이 연도는 다음의 문헌에 의거한다. Ernest Warburton. in: MGG, 2. Aufl., Per-
     sonenteil, Bd. 1, p.1359. - Vignal은 1월 이전의 날짜를 지목했다.

9   Dok 1, p.267

10 이 편지 가운데 중요한 것들의 독일어 번역: Gärtner, p.159ff. 이탈리아어 원

본: Collected Works. Hg. von Ernest Warburton. Bd. 48.2.

11 Gärtner, p.168

12 Gärtner, p.170f

13 Gärtner, p.190

14 Warburton. in: MGG 1, p.1360

15 Gärtner, p.192

16 Gärtner, p.184

17 Gärtner, p.202

18 Gärtner, p.208f

19 Gärtner, p.208

20 Reinhard Strohm. Dramma per Musica. Italian Opera seria of the Eighteenth Century. New Haven – London 1997, p.15f

21 Gärtner, p.215

22 Gärtner, p.228

23 Mozart. Briefe und Aufzeichnungen. Gesamtausgabe. Bd. 1. Kassel usw. 1962, p.151f

24 Mozart. Die Dokumente seines Lebens. Leipzig 1961, p.400

25 Gärtner, p.301

26 Carl Dahlhaus(Hg). Die Musik des 18. Jahrhunderts. Laaber 1985, p.268 (Neues Handbuch der Musikwissenschaft Bd. 5)

27 Stefan Kunze, Die Sinfonie im 18. Jahrhundert , Laaber 1993, p.219

28 Gärtner, p.347

29 Friedrich Walter, Geschichte des Theaters und der Musik am kurpfälzischen Hofe. 1898, p.104

30 Mozart. Briefe und Aufzeichnungen. Bd. 2. p.458

31 Mozart. Briefe und Aufzeichnungen. Bd. 2, pp.377, 304. 악곡 비교에 대해서는 다음의 문헌을 참고하시오. Gernot Griber. Mozarts "Schreibart". In: Matthias Brzoska und Michael Heinemann(Hg). Die Musik der Klassik und Romantik. Laaber 2001, pp.145-155. 작품 전반의 비교는 다음의 문헌을 참

고하시오. Silke Leopold. "Er ist der Vater, wir sind die Bub'n". Über Mozarts
schöpferische Auseinandersetzung mit C. Ph. Bach. In: Festschrift H-Chr.
Mahling. Tutzing 1997, pp.755-769

32 Wilhelm Heinse. Hildegard von Hohenthal. In: Sämthliche Werke. Hg. von
Carl Schüddekopf. Bd. 5/6. Leipzig 1903

33 Vignal, p.245

34 Mozart. Briefe und Aufzeichnungen. Bd. 3, p.201

35 Forkel, p.44

36 Bitter, Bd. 2, p.147

에필로그 | 바흐의 두 손자: 빌헬름 프리드리히 에른스트와 요한 제바스티안 바흐

1 Dok 3, p.507

2 Maria Hübner. Der Zeichner Johann Sebastian Bach d. J. In: Bach-Jahrbuch
1998, p.189. 그림 「제재소」. p.198

3 Gotthold Ephraim Lessing. Sämthliche Schriften. Hg. von Karl Lachmann und
Franz Munker. Bd. 18. Stuttgart 1907, p.199

4 Suchalla, Bd. 1, p.637

5 Suchalla, Bd. 1, p.637

단축하여 기재한 인용 서적과 저자명

Bitter: Carl Heinrich Bitter. Carl Philipp Emanuel und Wilhelm Friedemann Bach
und deren Brüder. 2 Bde. Berlin 1886, Reprint Leipzig 1973

Dok: Bach-Dokumente. Herausgegeben vom Bach-Archive Leipzig. Bd. 1-3. Kassel
Leipzig 1963-1972

Forkel: Johann Nicolaus Forkel. Ueber Johann Sebastian Bachs Leben, Kunst und
Kunstwerke. Leipizig 1802

Gärtner: Heinz Gärtner. Johann Christian Bach. Mozarts Freund und Lehrmeister.
München 1989

Ottenberg: Hans-Günter Ottenberg. Carl Philipp Emanuel Bach. Spurensuche.

Leben und Werk in Selbstzeugnissen und Dokumenten seiner Zeitgenossen. Leipzig 1994

Schünemann: Georg Schünemann. Johann Christoph Friedrich Bach. In: Bach-Jahrbuch 1914, pp.45-165

Suchalla: Ernest Suchalla(Hg). Carl Philipp Emanuel Bach. Briefe und Dokumente. Kritische Gesamtausgabe. 2 Bde. Göttingen 1994

Vignal: Marc Vignal. Die Bach-Söhne. Aus dem Französischen von Antje Müller. Laaber 1999

Wiermann: Barbara Wiermann. Carl Philipp Emanuel Bach. Dokumente zu Leben und Wirken aus der zeitgenössischen hamburgischen Presse. Hildesheim 2000

1707 10월 17일 밀하우젠의 오르가니스트 요한 제바스티안 바흐, 재종누이 마리아 바르바라 바흐와 결혼

1710 바이마르의 궁정 음악가로 활동 중, 11월 22일 맏아들 빌헬름 프리데만 출생

1714 요한 제바스티안 바흐, 바이마르 궁정의 악장으로 승진. 3월 8일 아들 카를 필리프 에마누엘 출생

1720 요한 제바스티안 바흐, 쾨텐의 궁정 카펠마이스터로 활동함. 7월 초 아내 마리아 바르바라 사망. 7월 7일 장례식 거행

1721 요한 제바스티안 바흐, 12월 3일 쾨텐에서 궁정 여가수 안나 막달레나 빌케와 재혼

1723 요한 제바스티안 바흐, 연초에 토마스칸토르 겸 음악감독직을 맡아 라이프치히로 이사. 빌헬름 프리데만과 카를 필리프 에마누엘, 토마스학교 입학

1729 빌헬름 프리데만, 라이프치히 대학의 법학, 철학, 수학과에 등록

1731 카를 필리프 에마누엘, 라이프치히 대학의 법학과 학생이 됨

1732 6월 21일 요한 크리스토프 프리드리히 출생

1733 빌헬름 프리데만, 드레스덴의 성소피아교회 오르가니스트 취임

1734 카를 필리프 에마누엘, 프랑크푸르트 안 데어 오더 대학 법학과로 전학

1735 9월 5일 요한 크리스티안 출생

1738 카를 필리프 에마누엘, 프로이센의 왕 프리드리히 2세가 될 황태자의 악단 쳄발리스트로 임용됨

1740 카를 필리프 에마누엘, 프로이센 궁정 악단의 쳄발리스트로 정식 임용됨

1744 카를 필리프 에마누엘, 베를린에서 요한나 마리아 단네만과 결혼

1746 빌헬름 프리데만, 프라우엔교회의 오르가니스트직을 맡아 할레로 떠남

1748 9월 26일 카를 필리프 에마누엘의 아들 요한 제바스티안 바흐 출생

1750 요한 크리스토프 프리드리히, 연초에 뷔케부르크의 궁정 쳄발리스트로 활동
함. 7월 28일 요한 제바스티안 바흐 사망. 가을에 미망인과 자식들에게 유산
분배됨. 요한 크리스티안, 11월에 베를린의 이복 형 카를 필리프 에마누엘의
집으로 거처를 옮김

1751 빌헬름 프리데만 바흐, 할레에서 도로테아 엘리자베트 게오르기와 결혼

1754 요한 크리스티안 바흐, 이 해에 이탈리아로 떠난 것으로 추정됨. 밀라노에서
아고스티노 리타 가에 고용되고 볼로냐에서 파드레 마르티니를 사사

1755 요한 크리스토프 프리드리히 바흐, 뷔케부르크에서 루치아 엘리자베트 뮌히
하우젠과 결혼

1759 요한 크리스토프 프리드리히 바흐의 아들 빌헬름 프리드리히 에른스트, 5월
24일 뷔케부르크에서 세례 받음. 요한 크리스토프 프리드리히, 악장으로 임
명됨

1760 2월 안나 막달레나 바흐 사망. 요한 크리스티안 바흐, 7월 밀라노 성당의 부오
르가니스트가 됨. 12월 토리노의 레지오 극장에서 그의 첫 오페라 공연

1762 요한 크리스티안 바흐, 런던의 킹스 시어터로 자리를 옮김. 생을 마칠 때까지
런던에서 살며 오페라와 기악음악 작곡가, 왕실 음악감독, 바흐-아벨 연주회
기획자로 활동

1764 빌헬름 프리데만 바흐, 할레에서 사직

1768 카를 필리프 에마누엘 바흐, 함부르크의 요하네움 칸토르 겸 다섯 주요 교회
의 음악감독으로 취임

1771 빌헬름 프리데만 바흐, 브라운슈바이크에 체류. 그 곳에서 오르가니스트직에
지원하지만 실패

1774 빌헬름 프리데만 바흐, 베를린으로 이주해 세상을 뜰 때까지 일정한 직업 없
이 지냄

1774 이 해 이후 요한 크리스티안 바흐, 체칠리아 그라시와 결혼. 혼인 날짜 알려지
지 않음

1777 손자 요한 제바스티안 바흐, 로마에서 사망

1778 요한 크리스토프 프리드리히의 아들 빌헬름 프리드리히 에른스트, 런던의 요
한 크리스티안 바흐를 장기간 방문

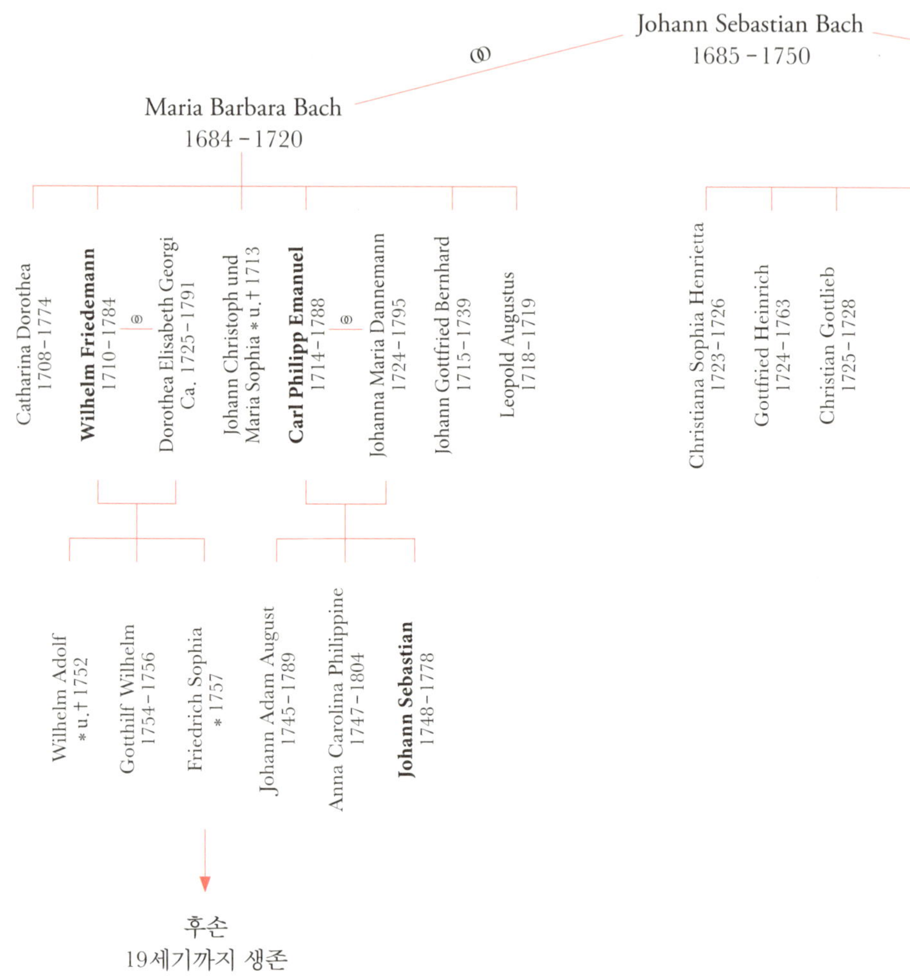

Johann Sebastian Bach
1685 – 1750
Maria Barbara Bach
1684 – 1720
Catharina Dorothea
1708 – 1774
Wilhelm Friedemann
1710 – 1784
Dorothea Elisabeth Georgi
Ca. 1725 – 1791
Johann Christoph und
Maria Sophia * u. † 1713
Carl Philipp Emanuel
1714 – 1788
Johanna Maria Dannemann
1724 – 1795
Johann Gottfried Bernhard
1715 – 1739
Leopold Augustus
1718 – 1719
Christiana Sophia Henrietta
1723 – 1726
Gottfried Heinrich
1724 – 1763
Christian Gottlieb
1725 – 1728
Wilhelm Adolf
* u. † 1752
Gotthilf Wilhelm
1754 – 1756
Friedrich Sophia
* 1757
Johann Adam August
1745 – 1789
Anna Carolina Philippine
1747 – 1804
Johann Sebastian
1748 – 1778
후손
19세기까지 생존

(0)
Anna Magdalena Wilcke
1701 – 1760
Elisabeth Juliana Friderica
1726 – 1781
(0)
Johann Christoph Altnickol
1720 – 1759
Ernestus Andreas
* u. † 1727
Regina Johanna
1728 – 1733
Christiana Benedicta
1729 – 1730
Christiana Dorothea
1731 – 1732
Johann Christoph Friedrich
1732 – 1795
(0)
Lucia Elisabeth Münchhausen
1728 – 1803
Johann August Abraham
* u. † 1733
Johann Christian
1735 – 1782
(0)
Cecilia Grassi
Johanna Carolina
1737 – 1781
Regina Susanna
1742 – 1809
Johann Sebastian
* u. † 1749
Auguste Magdalena
1751 – 1809
Juliane Wilhelmine
* 1754
Anna Philippa Friederica
1755 – 1804
Wilhelm Friedrich Ernst
1759 – 1845
Christina Luisa
1762 – 1852
Carolina Wilhelmina
* 1765
Eleonora Charlotta Ernestina
* 1767
Friedrich August
* 1769
Ludolff Emanuel
* 1771
Dorothea Charlotta Magdalena
1772 – 1793
후손
19세기까지 생존
후손
19세기까지 생존

형제들에 관한 증언

연로한 제바스티안은 세 아들을 두었는데 그들 중에서 저명한 오르가니스트 프리데만만 마음에 들어 하였다. 그는 카를 필리프 에마누엘에게도 (부당하게 도!) 베를린의 터무니없는 녀석이라며 불만을 표하였다. 런던의 크리스티안 바흐를 두고는 늘 "괴르게는 아둔해서 출세할 거야!"라는 겔레르트의 시구를 읊었다. 실제로 요한 크리스티안은 세 아들 가운데에서 가장 큰 행운을 누렸다. 아들들에 대한 아버지 바흐의 이 평가는 프리데만이 직접 말해 준 것이다.

1792년 카를 프리드리히 크라머가 전하는 일화, Bach-Dokumente 3, 518쪽

1784년 아들에게 보낸 편지에 의하면, 그는 라이프치히에서 사는 동안 거의 매일 그 유명한 카를 필리프 에마누엘 바흐와 만났고, 때때로 그 아버지의 악단에서 독주곡이나 협주곡을 연주하였다고 한다. 그가 알고 지낸 세 바흐 가운데 제일 연장자인 빌헬름 프리데만은 다소 꾸민 듯한 우아함을 보인 반면, 둘째 카를 필리프 에마누엘은 다른 형제들과는 달리 '검은 바흐'라 불리며, 자연스럽고 속이 깊고 신중했으나 그럼에도 유쾌한 말동무였다고 한다. 1782년 런던에서 죽은 '경박한 셋째'는 그와 함께 자주 플루트 이중주를 연주했다고 한다.

야코프 폰 슈텔린이 아들에게 보낸, 지금은 사라진 편지의 요약, Bach-Dokumente 3, 408쪽
(요한 크리스티안 바흐와 관련해 착오가 있는데, 요한 고트프리트 바흐를 요한 크리스티안으로 잘못 기억한 것 같다)

예술의 역사에서 이렇게 위대한 대가들이 한 가문에서 잇달아 배출된 예는 없었다. 아버지 제바스티안은 당대 최고의 화성 작곡가였고, 에마누엘은 그보다 더 위대했다. 에르트만[빌헬름 프리데만] 바흐는 세상에서 가장 훌륭한 오르가니스트였으며, 런던의 바흐는 전 유럽에서 명성이 자자한 작곡가이자 피아니스트였다. 에마누엘 바흐는 30년 동안 프리드리히 대왕의 오케스트라에서 활동한 후 텔레만의 자리를 이어받았다. 그를 끝으로 이 위대한 음악가 가문은 사라졌다.

크리스티안 프리드리히 다니엘 슈바르트 1788, Bach-Dokumente 3, 445쪽

외부에 비친 삶의 모습에서 빌헬름 프리데만은 새 시대의 음악가였다. 예전에는 사람들이 일정한 직업 없이 떠도는 천재에 거의 관심이 없었다. 그를 전형적인 삼류 소설의 주인공으로 만드는 데 일조한 것은 단편적으로 알려진 그의 방종한 삶이었으나, 이것이 음악으로까지 파고든 것은 아니다. 그의 음악은 세련되고 섬세하다.

'뷔케부르크의 바흐' 크리스토프 프리드리히는(아들들은 그들이 활동한 지역에 따라 구분한다) 어느 모로 보나 빌헬름 프리데만과 대조적이다. 그는 유능한 카펠마이스터였고, 상부에서 요구하는 대로 잘 작곡해 내었다. 필법은 깔끔하고 명료하며, 작곡기법 또한 견실하였다. 그의 실내악은 수준급이지만 자신만의 고유함을 온전히 갖추지는 못하였다.

막내아들이자 '런던의 바흐'인 요한 크리스티안은 분명히 새로운 시대감각을 대변하는 인물이었다. 그는 밀라노로 갔고(그 곳에서 이 토마스칸토르의 아들은 가톨릭으로 개종하고 성당의 오르가니스트가 되었다!), 나중에는 런던으로 건너가 그 곳 음악계를 장악하였다. 요한 크리스티안은 모든 장르의 음악을 쉽고 거침없이 작곡해 내었다. 슈타미츠를 비롯한 만하임악파가 그에게 결정적으로 영향을 끼쳤으나, 그는 새로운 양식을 우아하고 유려하게, 하지만 단

조롭게 만든 그 이후 세대에 속한 작곡가였다.

이들 사이에 아주 독특하고도 중요한 필리프 에마누엘이 있다. 그는 1738년부터 1767년까지 베를린에서 살며 프리드리히 대왕 시대의 음악가들과 교류하였다. 그런 다음 교회 음악감독직을 맡아 함부르크로 갔다. 그에 대한 평가는 분분한데, 예전에는 그를 천재라고 했으나 근래에는 학자들이 그의 재능을 낮춰 평가하는 경향이 있다.

그의 작품들이 예술적 가치 면에서 고르지 않다는 점은 분명하다. 그러나 각 장르마다 몇몇 탁월한 작품들이 있다는 것 또한 사실이다. 그럼에도 필리프 에마누엘을 작곡가로만 한정하여 평가하려 든다면 우리는 그에 대해 바른 판단을 내릴 수 없을 것이다. 그는 독일에서 새로운 양식이 싹틀 수 있는 토대를 마련해 준 음악가 가운데 하나였다. 우리는 그를 한 개인으로, 정신적 지도자로, 그 시대의 선구자로 인정해야 한다. 그의 출발점은 클라비어였으나, 이를 기반으로 기악의 모든 양식을 다뤘다.

한스 베르스만, 『독일 음악사Eine Deutsche Musikgeschichte』(1934), 272-273쪽

빌헬름 프리데만 바흐에 대한 증언

프리데만 바흐(할레의 바흐)는 내가 보고 들은 오르가니스트 가운데 가장 완벽한 연주가였습니다. 그는 1784년 이 곳에서 세상을 떴지요. 내가 시민이 되고 이미 장인匠人 자격을 얻은 때였습니다. 그는 연주해 주기를 꺼려서 고집스러운 사람으로 알려지기도 했지만, 우리 젊은 음악가들에게는 몇 시간이고 연주를 들려주곤 했지요. 작곡가로서 그는, 독창성을 발휘하여 아버지와 형제들로부터 거리를 두는 데에 실패하였고, 게다가 음악이 소심하고 감동이 없어 그의 음악이라는 것을 쉽게 알아챌 수 있었습니다. 마치 남의 눈에 띄지 않으려고 자신의 눈을 감아 버리는 사람 같았지요.

카를 프리드리히 첼터가 괴테에게 쓴 편지. 펠릭스 멘델스존 바르톨디가 《마태수난곡》을 바흐 사후에 처음으로 다시 연주한 주간인 1829년 4월 6일-11일

요한 제바스티안 바흐의 음악에서는 순수한 음 예술이 주를 이루고, 프리데만 바흐의 작품에서는 음악이 감정 표현의 예술이 되는데, 이 표현 예술은 그로부터 시작되어 우리에 이르기까지 몇몇 경우를 제외하고는 독일에서 계속 유지되어 왔습니다. 이 점에서 프리데만은 제게 매우 중요한 인물로 보입니다. 그는 음악과 감정 표현 사이에서 훌륭하게 중용을 지켰기 때문입니다. 물론 나중에는 과장되기 일쑤였고, 이 때 음 예술은 손상될 수밖에 없었지요.

바흐 작품 출판자 프리드리히 콘라트 그리펜케를이 사서 빌헬름 덴에게 보낸 1849년 2월 2일자 편지,『바흐 연감Bach-Jahrbuch』(1978), 221쪽

카를 필리프 에마누엘 바흐에 대한 증언

바흐 씨가 이렇게 이 근처까지 와서 나를 방문하지 않다니, 이럴 수가 있는가. 비르투오소들은 정말 겁 많은 영혼들 아닌가? 그는 수비스[7년전쟁에서 프랑스 군대를 지휘한 인물]를 두려워했던 것이다. 나를 찾아왔더라면 그는 까치밥 나무 열매를 한 사발 맛볼 수 있었을 것이다.

1758년 12월 이 친구가 자신을 방문하지 않았다며 시인 요한 빌헬름 루트비히 글라임이 쓴 글. 글라임하우스 할버슈타트

그는 자신이 함부르크 근교 출신이라면서 내가 여행길에 이 도시에 들르겠다고 마음먹은 것이 무척 기쁘다고 하였다. 단지 그의 고향이어서가 아니라, 내가 그 곳에서 자기가 매우 존경하는 대가 에마누엘 바흐를 만날 수 있고, 또 세상에서 제일 훌륭한 오르가니스트들의 연주와 그 곳 오르간 소리를 들을 수 있을 테니 기쁘다는 것이다. 그 오르가니스트들의 연주와 오르간 소리가 그가 고향을 떠난 이후 급격히 쇠락하지 않았다는 전제 하에…… 무엇보다 그는, 바흐에게 클라비어를 연주해 달라고 청하고 바흐의 교향곡 가운데 그가 들어 본 최고의 작품인 e단조 교향곡(Wq177)을 얻으라고 강력히 권하였다.

1773년 함부르크에서 찰스 버니가 전하는 오페라 작곡가 요한 아돌프 하세의 견해. 오텐베르크H. G. Ottenberg의 저서, 72쪽

화가는 예의상 그의 왼쪽 눈의 선천적 결함을 잘 감춰 주었다. 한편으로는 관대한 이 호의가 아주 확실하고 흠 없는 표정을 만들어 주었다. 그 밖에도 눈썹과 눈가에는 영혼이 흠뻑 어려 있다. 코는 지나치게 둥근 모양이지만, 섬세함과 생기 넘치는 힘이 느껴진다. 입가에는 민감함과 충만감, 무뚝뚝함, 자의식,

자신감이 그야말로 꾸밈없이 표현되어 있다. 아랫입술은 다소 약삭빠르면서도 무기력해 보이지만, 아주 미세하게 태만함도 스쳐 간다! 입술 바로 옆의 패인 주름은 다시 강인함을 되살려 준다. 이마에는 단호함, 유쾌함, 대담함, 열망이 엿보인다. 어쩌면 속임수일지도 모르겠으나, 적어도 내 눈에는 원본이나 복제본 그림들에서 본 대다수 비르투오소들의 얼굴 아랫부분이 그리 빼어나게 처리된 것 같지 않은데, 여기에서는 그래도 위턱의 윤곽은 예사롭지 않아 보인다.

요한 카스파르 라바터가 분석한 특징.『인류학과 인류애를 장려하기 위한 인상학 원고Physiognomische Fragmente zur Beförderung der Menschenkenntnis und Menschenliebe』(1777), 200–201쪽

내게는 에마누엘 바흐의 클라비어 작품이 몇 곡밖에 없지만 이 곡들은 참된 음악가들에게 수준 높은 오락일 뿐 아니라 학습을 위해서도 매우 유용할 것임에 틀림없습니다. 그리고 나의 가장 큰 즐거움은 한 번도 본 적이 없거나 다만 가끔 접했던 작품들을 몇몇 진정한 음악 애호가들 앞에서 연주하는 것입니다.

루트비히 반 베토벤이 브라이트코프 & 헤르텔 출판사에 보낸 1809년 7월 26일 자 편지.『작품전집 제2권, 서신교환Briefwechsel. Gesamtausgabe. Bd. 2』(1996), 72쪽

아들 에마누엘은 천부적인 재능을 타고났다. 그는 그 재능을 갈고닦았으며, 주도적인 화성과 음형에 선율과 노래를 채워 넣었다(하지만 창조적인 음악가로서는 아버지를 넘어서지 못하였다. 언젠가 멘델스존은 이렇게 말했다. "거인들 사이에서 꼬마가 다니는 것 같다").

로베르트 슈만(게오르크 아이스만 편집),『원전문헌Quellenwerk 제2권』(1956), 24쪽

저는 지금 필리프 에마누엘 바흐의 클라비어 소나타들을 편곡하는 중입니다.
이 작업은 음악을 메마르게 하고 유머를 집어삼켜 버립니다.

펠릭스 드레제케에게 보낸 한스 폰 뷜로의 1860년 10월 16일 자 편지. 한스 폰 뷜로,『편지와
짧은 글들Briefe und Schriften 제4권』(1898), 344쪽

요한 크리스토프 프리드리히 바흐에 대한 증언

그는 연주하며 보내는 시간 외에는 오전에 주로 작곡을 하고, 나머지 시간에는
친구들과 교제하거나 사교적인 오락을 즐겼다. 자기 작품 대부분이 보면대에
덮인 채 놓여 있었음에도 그는 지치지 않고 생의 마지막 날까지 한 마리의 누에
처럼 실을 뽑아내었다.

뷔케부르크의 종교국 평정관 호르스티히의 추모문 중 일부(1795).『바흐연감』(1914), 142쪽

요한 크리스티안 바흐에 대한 증언

바흐는 매우 다양한, 그리고 많은 양의 작품을 출판해 내면서도 지치지 않았고
넘치는 상상력을 잃지 않았으며, 그의 아이디어는 언제나 참신하였다. 음악에
온 힘을 쏟으면서도 즐거운 일들이 많아서인지 그의 건강 상태는 나빠지지 않았
다. 그러니 우리는 이 대가가 훌륭한 작품을 더 많이 써줄 것이라고 기대한다.

게오르크 요제프 포글러,『만하임악파에 대한 고찰Betrachtungen der Mannheimer Tonschule』
(1778-1780), 377쪽

영국의 카펠마이스터이자 영국에 오래 거주하였다 하여 영국의 바흐로 불리는 게오르크 바흐는 불멸의 작곡가 제바스티안 바흐의 아들이다. 그는 위대한 아버지의 늑골에서 끌어낸 고귀한 이론을 현대적 취향의 은빛 꽃으로 감쌌다. 그는 가히 금박장식으로 싸인 거인이 아닐 수 없다! 유행을 좇는 취향의 경박함 속에서 늘 아버지의 위대한 정신이 엿보인다. 이 비범한 남자가 형이면서 아버지 격인 함부르크의 카를 필리프 에마누엘 바흐의 심오한 양식으로도 곡을 쓸 수 있었다는 사실은 그가 영국에서 출판한 여러 클라비어 소나타들이 입증해준다. 그중에서도 특히 f단조 소나타[c단조 소나타를 의미하는 것으로 추측됨]가 유명한데, 이 소나타는 이 유형의 가장 심원하고 탁월한 곡들과 능히 견줄 만하다.

크리스티안 프리드리히 다니엘 슈바르트, 1784-1785, Bach-Dokumente 3, 411쪽

바흐의 네 아들에 관한 주요 문헌

「Die Musik in Geschichte und Gegenwart(MGG). 2. Aufl. Personenteil Bd. 1. (Kassel. Weimar 1999)」에 바흐의 네 아들과 손자 빌헬름 프리드리히 에른스트에 관한 상세한 글이 실려 있다. 「The New Grove Dictionary of Music and Musicians Vol. 2. (London 2001)」에 더 새로운 자료들이 있다. 이 두 사전에는 자세한 문헌 자료 정보도 수록되어 있다. 이 책의 미주에도 특별 문헌들까지 실려 있다.

1. 바흐의 네 아들을 모두 다루는 문헌

Bitter, Carl Heinrich . Carl Philipp Emanuel und Wilhelm Friedemann Bach und deren Brüder. 2. Bde. Berlin 1886. Reprint Leipzig 1973.(Nur von historischem Wert)

Friesenhagen, Andreas. Die Brüder Bach. Leben und Werk zwischen Barock und Klassik. Hg. von Andrais Batta. Köln 2000

Geiringer, Karl. Die Musikerfamilie Bach. Leben und Wirken in drei Jahrhunderten. München 1958. English, New York, 1954

Heinemann, Michael, Hans-Joachim Hinrichsen(Hg). Bach und die Nachwelt Bd. 1: 1750-1850. Laaber 1997

Schleuning, Peter. Der Bürger erhebt sich. Geschichte der deutschen Musik im 18. Jahrhundert. Stuttgart, Weimar 2000

Vignal, Marc. Die Bach-Söhne. Aus dem Französischen von Antje Müller. Laaber 1999

Wolff, Christoph, E. Eugene Helm, Ernest Warburton. Die Bach-Familie. Stuttgart, Weimar 1993

Young, Percy M. The Bachs 1500-1850. London 1970. 독일어본: Die Bachs 1500-1850. Leipzig 1978

2. 작품 목록

Helm, E. Eugene. Thematic Catalogue of the Works of Carl Philipp Emanuel Bach. New Haven . Leipzig 1989

Leisinger, Ulrich. Thematisch-systematisches Verzeichnis der Werke Johann Christoph Friedrich Bachs. Stuttgart(Bach-Repertorium Bd. 4)

Warburton, Ernest. Thematic Catalogue. New York 1999(The Collected Works of John Christian Bach Bd. 48:1)

Wollny, Peter. Thematisch-systematisches Verzeichnis der Werke Wilhelm Friedemann Bachs. Stuttgart(Bach-Repertorium Bd. 2)

Wotquenne, Alfred. Thematisch-systematisches Verzeichnis der Werke von Carl Philipp Emanuel Bach. Leipzig 1905

3. 작품 전집

Wilhelm Friedemann Bach. Gesammelte Werke. Hg. von Peter Wollny. 10 Bde. Stuttgart

The Collected Works of Solo Keyboard by Carl Philipp Emanuel Bach. Hg. von D. M. Berg. 6 Bde. New York 1985

The Collected Works of Carl Philipp Emanuel Bach. Hg. von Packard Humanities Institute(Los Altos, California, und Cambridge, Mass)

The Collected Works of Johann Christian Bach. Hg. von Ernest Warburton. 48 Bde., New York 1984-1999

4. 원전 기록 문헌

Ottenberg, Hans-Günter(Hg). Carl Philipp Emanuel Bach. Spurensuche. Leben und Werk in Selbstzeugnissen und Dokumenten seiner Zeitgenossen. Leipzig 1994

Suchalla, Ernest(Hg). Carl Philipp Emanuel Bach. Briefe und Dokumente. Kritische Gesamtausgabe. 2 Bde. Göttingen 1994

Wiermann, Barbara. Carl Philipp Emanuel Bach. Dokumente zu Leben und Werken aus der zeitgenössischen hamburgischen Presse. Hildesheim 2000

5. 네 아들에 관한 기초 문헌

Falck, Martin. Wilhelm Friedemann Bach. Sein Leben und seine Werke. Leipzig 1913, 2. Aufl. 1919

Ottenberg, Hans-Günter. Carl Philipp Emanuel Bach. Leipzig 1982

Wolhfarth, Hannsdieter. Johann Christoph Friedrich Bach. Ein Komponist im Vorfeld der Klassik. Bern 1971

Gärtner, Heinz. Johann Christian Bach. Mozarts Freund und Lehrmeister. München 1989

6. 그 외의 기초 문헌

빌헬름 프리데만 바흐

Wollny, Peter. Studies in the music of Wilhelm Friedemann Bach. Source and Style. Diss. Harvard 1993

카를 필리프 에마누엘 바흐

Clark, Stephen L.(Hg). C.Ph.E. Bach Studies. Oxford 1988

Schriftenreihe Carl-Philipp-Emanuel-Bach-Konzepte. Frankfurt/Oder 1994ff

Wagner, Günther. Die Sinfonien Carl Philipp Emanuel Bachs. Werdende Gattung und Originalgenie. Stuttgart 1994

요한 크리스토프 프리드리히 바흐

Leisinger, Ulrich(Hg). Johann Christoph Friedrich Bach(1732-1795). Ein Komponist zwischen Barock und Klassik. Eine Ausstellung im Niedersächsischen Staatsarchiv Bückeburg. Bückeburg 1995

Schünemann, Georg "Johann Christoph Friedrich Bach". Bach-Jahrbuch 1914, pp.45-165

요한 크리스티안 바흐

Terry, Charles Sanford. John Christian Bach. London 1967

224

도판 소장처 · 출처

1	뉘른베르크, 독일 내셔널 뮤지엄. [Wikimedia Commons]
6	Internationale Bachakademie Stuttgart. [Wikimedia Commons]
9-10	아이제나흐, 바흐하우스 컬렉션 / 신바흐협회. [Wikimedia Commons]
17	베를린 영화 박물관, 도이치 키네마텍. [IFFR]
23	아이제나흐, 바흐하우스 컬렉션 / 신바흐협회.
25	비터 C. H. Bitter, 『카를 필리프 에마누엘과 빌헬름 프리데만 그리고 그의 형제들』, 제2권, 베를린, 1868.
18, 30	할레, 헨델 박물관. [Wikimedia Commons]
37	베를린 내셔널 갤러리. [Wikimedia Commons]
39	베를린 영화 박물관, 도이치 키네마텍.
46, 50	베를린 국립도서관-프로이센 문화재 관리국. [Wikimedia Commons]
53	베를린 내셔널 갤러리. [Wikimedia Commons]
58-59	할버슈타트, 글라임하우스. [Wikimedia Commons]
67	슐레스비히-홀슈타인 주립도서관 필사본부(Flora, 제1컬렉션. 글레벤,

글루크, 바흐, 아돌프 쿤첸, F. L. Ae Kunzen, 라이하르트,슈바넨베르거의
노래와 클라비어 작품. C. F. Cramer 편집, 킬, 함부르크, 1787).

75 함부르크역사 박물관.

[Hamburg State Archives]

80 함부르크 쿤스트할레.

[Wikimedia Commons]

87 함부르크역사 박물관.

[Picryl]

91 함부르크역사 박물관.

[Wikimedia Commons]

97 함부르크 쿤스트할레.

[Wikimedia Commons]

100 킬, 대학도서관.

114 함부르크 쿤스트할레.

[Wikimedia Commons]

116, 121 베를린 국립도서관-프로이센 문화재 관리국.

[Wikimedia Commons]

120 라이프치히 교회기록 관리부, 토마스교회 세례자 명부, 1731-1737,
fol.73r.

125 뷔케부르크 궁성 관리소.

129 뷔케부르크 궁성 관리소.

[Wikimedia Commons]

131 할버슈타트, 글라임하우스.

[Wikimedia Commons]

133 발터 하아케W. Haacke, 『바흐의 아들들, 바로크와 고전주의 사이에 활동
한 네 음악가의 운명』, 쾨니히슈타인, 1961.

138 MS Mus 67. Houghton Library, Harvard University.

150 요한 제바스티안 바흐,《안나 막달레나 바흐를 위한 작은 클라비어 곡
집》, 1725.

(Mus. ms. Bach 225, 베를린 국립도서관-프로이센 문화재 관리국)

156-157   아인지델른 수도원(스위스).

161   Foto SCALA, Florenz.

[Wikimedia Commons]

146, 167   볼로냐 음악 박물관.

[Wikimedia Commons]

169   [Wiki gallery]

172   저자 개인 소장.

177   The Huntington Library, 산마리노, 캘리포니아.

[Wikimedia Commons]

178   잘츠부르크, 모차르트 박물관.

[Wikimedia Commons]

182   런던, 빅토리아 & 앨버트 박물관.

[Wikimedia Commons]

188   카를 가이링어Karl Greiringer, 이레네 가이링어Irene Geiringer, 『바흐-음악가 가문 3세기에 걸친 삶과 활동』, 뮌헨, 1958.

[Wikimedia Commons]

190   라이프치히 시역사 박물관.

191   런던, 빅토리아 & 앨버트 박물관.

[Wikimedia Commons]

193   함부르크 쿤스트할레.

[Wikimedia Commons]

요한 제바스티안 바흐 작성(1735년 말)

보충: 카를 필리프 에마누엘 바흐

요한 니콜라우스 포르켈 받음(1774/75)

1 비투스 바흐Vitus Bach는 헝가리의 제빵사였는데, 루터교 신자여서 16세기에 헝가리를 떠나야 했다. 그는 전 재산을 가능한 한 모두 현금으로 바꾸어 독일로 이주하였다. 튀링엔에서는 루터교 신앙의 안전을 확실히 보장받을 수 있다고 생각하여 그는 고타 근처의 베히마르에 정착하고, 그 곳에서 제빵사 일을 계속하였다. 그는 치트링엔 연주를 아주 좋아하여 방앗간에 갈 때에도 이 악기를 들고 가 곡식을 빻으며 연주하였다(이 두 소리가 서로 예쁘게 어우러졌으리라! 그러면서 그는 박자 감각을 익혔을 것이다). 이것이 그의 후손들이 가까이하게 될 음악의 시작이었다.

2 요하네스 바흐Johannes Bach는 비투스 바흐의 아들로 처음에는 제빵사로 일하였다. 그러나 그는 특별히 음악을 좋아하여 고타의 슈타트파이퍼에게 음악수업을 받았다. 당시 고타에는 옛 그림멘슈타인 성이 아직 있었고, 그의 스승은 당시 관습대로 성의 망루에서 살았다. 음악공부를 마친 후 그도 한동안 그 성에서 슈타트파이퍼로 일하였다. 그 성이 무너지고(15--년) 아버지 파이트가 세상을 뜨자 그는 베히마르로 이사하였다. 그 곳에서 베히마르 출신의 여관주인 딸 안나 슈미딘과 결혼하고 아버지의 재산을 상속받았다. 그는 베히마르를 근거지로 고타, 아른슈타트, 에어푸르트, 아

이제나흐, 슈말칼텐, 주울에 자주 다니며 시市 악사들에게 도움을 주었다. 1626년 그는 당시에 유행한 전염병으로 죽고, 부인은 그의 사후 9년 동안 미망인으로 살다가 1635년에 세상을 떴다.

3 요하네스 바흐의 동생, ─바흐─Bach는 양탄자 제작자였다. 그는 아들 셋을 두었는데, 모두 음악을 공부하였다. 아른슈타트 슈바르첸부르크의 백작이 그들의 음악 실력을 더 향상시키려고 학비를 주어 이탈리아로 보냈다. 이 세 아들 중 막내는 사고로 장님이 되어, 장님 요나스로 불리었다. 사람들은 당시 그에 대하여 이러저러한 말들을 많이 하였다. 그가 미혼으로 세상을 떠났으므로, 그를 바흐 가문 혈통으로 챙긴 사람은 아이제나흐와 고타 사이의 메히테슈타트와 그 근처에 살던 두 형일 것이다. 1730년 마이눙엔에서 사망한─보충: 1677년 출생─ 카펠마이스터 요한 루트비히 바흐, 그리고 그의 아버지이자 루울Ruhl의 칸토르였던 야코프 바흐─보충: 1655년 사망─는 이 방계에 속한다. 몇 해 전에 사망한 브라운슈바이크의 돔Dom 칸토르 슈테판 바흐 역시 그러하다(그의 동생은 바이마르 근처 렌슈테트의 사제였다). 바흐라는 이름은 제바흐Seebach의 통치권에 속하는 주민, 특히 외퍼스하우젠 지역의 주민 가운데에서 많이 발견된다. 그러나 앞에서 언급한 혈통이 이 방계의 후손인지는 명확하지 않다.
보충: 마이눙엔 카펠마이스터의 아들은 궁정 오르가니스트이자 궁정 화가로 그 곳에 살고 있고, 그의 아들 또한 두 방면에 재능이 있다. 아버지와 아들 모두 뛰어난 초상화가이다(그 아들은 지난여름 나를 찾아와 나의 초상화를 훌륭하게 그려 주었다).

4 요하네스 바흐Johannes Bach는 한스 바흐(2)의 맏아들로 1604년 11월 26일 베히마르에서 태어났다. 아버지 한스 바흐가 위에서 언급한 지역을 다닐 때 자주 이 맏아들을 데리고 다니던 중 호프만이라는 주울의 한 노老 슈타

트파이퍼가 한스 바흐에게 아들의 음악교육을 자기에게 맡기라고 권하였다. 이에 따라 아들 요하네스 바흐는 5년 동안 수련생으로, 2년은 도제로 머물며 생활하였다. 그는 주울에서 슈바인푸르트로 이주하여 그 곳 오르가니스트가 되었다. 1635년에 에어푸르트 시市 악사 감독으로 임명되고, 그 직을 수락하였다. 수년 후 고위 오르가니스트라는 칭호도 함께 받게 되었다. 그는 1673년에 세상을 떴다. 그는 두 번 결혼하였는데, ① 첫 부인은 스승의 딸 바바라 호프멘닌이었다. 그녀는 사산아를 낳고 출산 30분 후 사망하고 말았다. ② 두 번째 부인은 에어푸르트 시참사원 발렌틴 렘머히르트의 딸 헤데비히 렘머히르트였고, 그녀와의 사이에서 이하 7, 8, 9에서 소개될 아들들이 태어났다.

5 크리스토프 바흐Christoph Bach는 한스 바흐(2)의 둘째 아들로 1613년 4월 19일 베히마르에서 태어났고, 악기를 배웠다. 처음에 바이마르 궁정에 고용되었다가, 그 후 에어푸르트, 마지막에는 아른슈타트 시 악단에 소속되었다. 그는 아른슈타트에서 1661년 9월 12일 생을 마쳤다. 그는 작센지방의 프레틴 출신인 마리아 막달레나 그라블러린과 결혼하여 이하 10, 11, 12에서 소개될 아들 셋을 두었다. 마리아 막달레나는 남편 크리스토프가 사망한 후 24일 뒤인 1661년 10월 아른슈타트에서 세상을 떠났다.
보충: 크리스토프는 훌륭한 작곡가였고 쾌활한 성격의 소유자였다.

6 하인리히 바흐Heinrich Bach는 한스 바흐(2)의 셋째 아들로 둘째 형 크리스토프처럼 아른슈타트 시 악단에서 일하며 시市 오르가니스트로 활동하였다. 그는 1615년 12월 16일 베히마르에서 출생하여 1692년 아른슈타트에서 사망하였다. 그는 주울 출신의 에바 호프멘닌과 결혼하였는데, 그녀는 4에서 언급한 바바라 호프멘닌의 여동생으로 추측된다.

7　요한 크리스티안 바흐Johann Christian Bach는 요한 바흐(4)의 맏아들로 1640년 에어푸르트에서 태어나 시市 악사 감독으로 활동하다 1682년에 사망하였다. 그의 두 아들은 16, 17에서 소개될 것이다.

8　요한 에기디우스 바흐Johann Egydius Bach는 요한 바흐(4)의 둘째 아들로 1645년 에어푸르트에서 태어나 에어푸르트 시市 악사 감독이자 성미하엘 교회 오르가니스트로 활동하다 1717년에 생을 마쳤다. 그의 두 아들은 18, 19에서 소개된다.

9　요한 니콜라우스 바흐Johann Nicolaus Bach는 요한 바흐(4)의 셋째 아들로 1653년에 출생하였다. 그는 아주 훌륭한 비올라 다 감바 연주자였고, 시市 악사로 활동하였다. 1682년 페스트로 사망하고, 아들 요한 니콜라우스(20)를 유복자로 남겼다.

10　게오르크 크리스토프 바흐Georg Christoph Bach는 크리스토프 바흐(5)의 첫째 아들로, 1642년 9월 6일에 태어났다. 그는 슈바인푸르트의 칸토르로 활동하고, 그 곳에서 16--년에 사망하였다. 그의 아들들은 21에서 소개될 것이다.
보충: 알려진 사실이 적다.

11　요한 암브로지우스 바흐Johann Ambrosius Bach는 크리스토프 바흐(5)의 둘째 아들이다. 아이제나흐에서 궁정 음악가 겸 시市 음악가로 활동하였다. 1645년 2월 22일 에어푸르트에서 출생하여 1695년 아이제나흐에서 사망하였다. 그는 에어푸르트 시참사원 발렌틴 렘머히르트의 딸 엘리자베타 렘머히르트와 결혼하여 여섯 아들과 두 딸을 두었는데, 그중 세 명의 아들과 막내딸은 결혼 전에 죽고, 남은 세 아들과 큰 딸은 부모보다 오래 살며

모두 가정을 이루었다. 이들은 22, 23, 24에서 소개될 것이다.

12 요한 크리스토프 바흐Johann Christoph Bach는 앞에서 소개된 암브로지우스 바흐의 쌍둥이 동생이자 크리스토프 바흐(5)의 셋째 아들이다. 그는 아른슈타트의 궁정 음악가 겸 시市 음악가였다. 오르드루프의 교회관리인 프란츠 아이젠트라우츠의 딸 마르타 엘리자베타 아이젠트라우틴과 결혼하여 25, 26에서 소개될 아들들을 두었다.
보충: 이 쌍둥이 형제는 아마도 세상에 둘도 없는 쌍둥이 형제일 것이다. 그들은 서로 지극히 사랑하였고, 이들의 부인들도 구별하기 힘들 만큼 아주 닮았었다. 이들은 주위 사람들이 깜짝 놀랄 정도로 말투나 생각 등이 같았고, 음악에서도 구별 못 할 만큼 비슷하게 연주하였다. 하나가 아프면 다른 한 사람도 아팠으며, 거의 비슷한 시기에 사망하였다.

13 요한 크리스토프 바흐Johann Christoph Bach는 하인리히 바흐(6)의 맏아들이며, ----년 아이제나흐에서 태어났다. 아이제나흐의 궁정 오르가니스트 겸 시市 오르가니스트로 활동하다 1703년에 사망하였다. 그는 학식이 깊은 작곡가였고, 아른슈타트시의 서기였다. 비데만의 맏딸(이름 미상)과 결혼하여 네 명의 아들을 낳았다. 이들은 27, 28, 29, 30에서 언급된다.
보충: 그는 훌륭한 표현적인 작곡가였다.

14 요한 미하엘 바흐Johann Michael Bach는 하인리히 바흐(6)의 둘째 아들로 역시 아른슈타트에서 ----년에 태어났다. 게렌 시청 서기이자 오르가니스트로, 형처럼 유능한 작곡가였다. 아른슈타트 시의 서기 비데만의 둘째 딸과 결혼하였고, 출가 전의 네 딸과 아내를 남겨 두고 세상을 떴다.

15 요한 귄터 바흐Johann Günther Bach는 하인리히 바흐(6)의 셋째 아들로 아

버지를 능가하는 음악가였다. 훌륭한 음악가로 여러 새로운 악기를 발명해 낸 악기 제작자였다. 그는 슬하에 아들이 없고, 16--년에 사망하였다.

16 요한 야코프 바흐Johann Jacob Bach는 요한 크리스티안 바흐(7)의 장남으로 1668년 에어푸르트에서 태어났다. 하우스만의 도제로 일하였고, 1692년 미혼으로 아이제나흐의 요한 암브로지오 바흐의 집에서 사망하였다.

17 요한 크리스토프 바흐Johann Christoph Bach는 요한 크리스티안 바흐(7)의 둘째 아들로 1673년 에어푸르트에서 태어났다. 칸토르로 활동하다가 1727년 게렌에서 사망하였다. 그의 자녀들은 이하 31, 32, 33에서 소개될 것이다.

18 요한 베른하르트 바흐Johann Bernhard Bach는 요한 에기디오 바흐(8)의 장남으로 1676년 에어푸르트에서 태어났다. 요한 크리스토프 바흐(13)의 뒤를 이어 현재(1735) 아이제나흐에서 캄머무지쿠스, 캄머오르가니스트로 활동하고 있다. 그의 외아들은 34에서 소개될 것이다.

19 요한 크리스토프 바흐Johann Christoph Bach는 요한 에기디오 바흐(8)의 둘째 아들로 1685년 에어푸르트에서 태어났다. 현재 에어푸르트 시市 악사 감독으로 일하고 있다. 그의 아들들은 35, 36, 37에서 소개될 것이다.

20 요한 니콜라우스 바흐Johann Nicolaus Bach는 요한 니콜라우스 바흐(9)의 유복자이다. 외과 의사이며, 현재 프로이센의 쾨니히스베르크에서 10마일 떨어진 곳에서 살고 있다. 그는 슬하에 많은 자녀를 두었다.

21 요한 발렌틴 바흐Johann Valentin Bach는 게오르크 크리스토프 바흐(10)의 아들이다.

보충: 그는 슈바인푸르트에서 칸토르로 일하였다. 그의 형제는 다음과 같다:

22 요한 크리스토프 바흐Johann Christoph Bach는 요한 암브로지우스 바흐(11)의 장남으로 167-년에 태어났다. 오르가니스트 겸 교사로 활동하다가 17--년 오르드루프에서 사망하였다.

23 요한 야코프 바흐Johann Jakob Bach는 요한 암브로지우스 바흐(11)의 둘째 아들로 1682년 아이제나흐에서 출생하였다. 작고한 아버지의 후임자 하인리히 할렌에게 슈타트파이퍼 수업을 받고, 1704년 스웨덴 왕실 오보이스트로 입대하였다.

보충: 근위병 일원으로 그는 풀타바이 전쟁이 끝난 후 카를로 12세와 함께 튀르키예까지 가게 되는 운명에 처하였으며, 이 시기에 8, 9년 동안 왕을 보위하였다. 그 뒤 왕이 귀환하기 1년 전 왕실의 캄머무지쿠스 겸 궁정 음악가로 임명되어 스톡홀름에서 편안한 생을 누리는 은혜를 입었고, 17--년에 그 곳에서 사망하였다. 그는 후손이 없었다.

전쟁을 마치고 그는 콘스탄티노플로 가 그 곳에서 프랑스 대사를 따라 콘스탄티노플에 와 있던 그 유명한 플루티스트 부파르댕에게 플루트를 배웠다. 이 이야기는 부파르댕이 라이프치히에서 요한 제바스티안 바흐를 만났을 때 직접 말해주었다.

24 요한 제바스티안 바흐Johann Sebastian Bach는 요한 암브로지우스 바흐(11)의 막내 아들로 1685년 3월 21일 아이제나흐에서 태어났다. 그는 ① 1703년 요한 에른스트 공작의 바이마르 궁정에서 궁정 음악가, ② 1704년 아른슈타트의 노이에교회 오르가니스트, ③ 1707년 뮐하우젠의 성블라지우스교회의 오르가니스트, ④ 1708년 바이마르의 캄머오르가니스트 겸 궁정 오르가니스트, ⑤ 1714년부터 바이마르 궁정 악장 겸직, ⑥ 1717년

안할트 쾨텐 궁정의 카펠마이스터 겸 궁정 음악감독, ⑦ 1723년 라이프치
히 합창음악 감독과 토마스학교의 칸토르로 활동하였다. 그는 지금까지
신의 높은 뜻을 따르며, 그리고 전부터 맡고 있던 바이센펠스와 쾨텐의 카
펠마이스터직을 갖고 있다. 그의 가족은 뒤에 소개될 것이다.
보충: 45에서 47까지. 그는 1750년 7월 30일에 세상을 떴다.

25 요한 에른스트 바흐Johann Ernst Bach는 요한 크리스토프 바흐(12)의 장남
으로 1683년 8월 5일에 출생하였다. 현재 아른슈타트의 교회 오버키르헤
에서 오르가니스트로 일하고 있다. 그의 자녀들은 다음에 소개된다.

26 요한 크리스토프 바흐Johann Christoph Bach는 요한 크리스토프 바흐의 둘
째 아들로 플랑켄하인에서 잡화상을 한다. 결혼하였으나 아직 후손은 없
다. 1689년 9월 12일에 태어났다.

27 요한 니콜라우스 바흐Johann Nikolaus Bach는 요한 크리스토프 바흐(13)의
장남으로 현재 살아 있는 바흐 중 최연장자이다. 그는 예나에서 대학과 시
소속 교회의 오르가니스트로 활동한다.

28 요한 크리스토프 바흐Johann Christoph Bach는 요한 크리스토프 바흐(13)의
둘째 아들로 역시 음악가로 활동하였다. 그러나 그는 한 번도 직업을 갖지
않고 주로 여행을 즐기며 살았다.

29 요한 프리드리히 바흐Johann Friedrich Bach는 요한 크리스토프 바흐(13)의
셋째 아들이다. 뮐하우젠의 성블라지우스교회에서 요한 제바스티안 바흐
의 후임 오르가니스트로 일하였다. 그는 172-년에 후손을 남기지 않고 타
계하였다.

30 요한 미하엘 바흐Johann Michael Bach는 요한 크리스토프 바흐(13)의 넷째 아들로, 오르간 제작 기술을 배웠다. 하지만 그는 북쪽 지방으로 여행을 떠난 후 돌아오지 않았다. 그에 관한 정보는 더 이상 없다.

31 요한 사무엘 바흐Johann Samuel Bach는 요한 크리스토프 바흐(17)의 장남으로 존더하우젠에서 음악가로 일하다가 젊은 나이에 사망하였다.

32 요한 크리스티안 바흐Johann Christian Bach는 요한 크리스토프 바흐(17)의 둘째 아들로 역시 음악가였고, 요한 사무엘 바흐처럼 존더하우젠에서 젊은 나이에 세상을 떴다.

33 요한 귄터 바흐Johann Günther Bach는 요한 크리스토프 바흐(17)의 셋째 아들이며 훌륭한 테너 성악가이다. 현재 에어푸르트 상인조합의 학교에서 교사로 활동하고 있다.

34 요한 에른스트 바흐Johann Ernst Bach는 요한 베른하르트 바흐(18)의 외아들로 1722년에 태어났다. 그는 음악 공부에 전념할 것이다.
보충: 바이마르 궁정 카펠마이스터였으나 그 일을 그만두고 지금 아이제나흐에서 오르가니스트로 즐겁게 조용히 살고 있다. 그는 아직 궁정에서 연금을 받고 있으며, 그의 아들들은 음악적 재능을 타고나지 않은 듯하다.

35 요한 프리드리히 바흐Johann Friedrich Bach는 요한 크리스토프 바흐(19)의 큰아들로 안디스레벤에서 교사로 일한다.

36 요한 에기디우스 바흐Johann Egydius Bach는 요한 크리스토프 바흐(19)의 둘째 아들이며 무르나에서 교사로 일한다.

37 빌헬름 히에로니무스 바흐Wilhelm Hieronymus Bach는 요한 크리스토프 바흐(19)의 셋째 아들이다.

38 요한 로렌츠 바흐Johann Lorenz Bach는 요한 발렌틴 바흐(21)의 장남으로 프랑켄 지방 라메에서 오르가니스트로 활동한다.

39 요한 엘리아스 바흐Johann Elias Bach는 요한 발렌틴 바흐(21)의 둘째 아들로서 현재 슈바인푸르트의 칸토르이다.

40 토비아스 프리드리히 바흐Thobias Friedrich Bach는 요한 크리스토프 바흐(22)의 장남으로 에어푸르트에서 멀지 않은 우데슈테트의 칸토르이다. 1695년에 태어났다.
보충: 아들이 그의 후임자로 활동한다.

41 요한 베른하르트 바흐Johann Bernhard Bach는 앞에서 언급한 요한 크리스토프 바흐(22)의 둘째 아들로 169-년 출생하였다. 작고한 아버지의 오르드루프 오르가니스트직을 이어받았다.

42 요한 크리스토프 바흐Johann Christoph Bach는 요한 크리스토프 바흐(22)의 셋째 아들로 오르드루프에서 칸토르 겸 교사로 활동한다.

43 요한 하인리히 바흐Johann Heinrich Bach는 요한 크리스토프 바흐(22)의 넷째 아들로 호엔로에 백작의 악사 겸 외링엔의 칸토르로 일한다. 17--년에 태어났다.

44 요한 안드레아스 바흐Johann Andreas Bach는 요한 크리스토프 바흐(22)의 다

섯째 아들로 고타 영주의 근위대에서 오보이스트로 근무하였다. 17--년 출
생하였다.

보충: 그는 세상을 떠나기 전 오르드루프에서 오르가니스트로 일하였다.

45 빌헬름 프리데만 바흐Wilhelm Friedemann Bach는 요한 제바스티안 바흐(24)
의 맏아들로 현재 드레스덴 소피아교회의 오르가니스트이다. 그는 1710년
11월 22일에 태어났다.

보충: 그는 할레의 음악감독 겸 오르가니스트였으나 그 직책을 그만둔 뒤로 직장
없이 살고 있다.

46 카를 필리프 에마누엘 바흐Carl Philipp Emanuel Bach는 요한 제바스티안 바
흐(24)의 둘째 아들이다. 현재 프랑크푸르트 안 데어 오더에서 대학을 다
니며 클라비어를 가르치고 있다. 1714년 3월 14일에 태어났다.

보충: 그 밖의 것들은 알려진 바와 같다.

47 요한 고트프리트 베른하르트 바흐Johann Gottfried Bernhard Bach는 요한 제
바스티안 바흐(24)의 셋째 아들로 뮐하우젠의 마리아교회와 오버키르헤
(교회)의 오르가니스트이다.

보충: 1739년 예나에서 사망하였다.

48 고트프리트 하인리히 바흐Gottfried Heinrich Bach는 요한 제바스티안 바흐
(24)의 넷째 아들이다. 1724년 2월 26일 출생하였고 클라비어에 특별한
재주가 있어 음악가로 활동하였다.

보충: 그는 천재적인 클라비어 연주자였으나 그 천재성이 발전을 보지 못하였다.
그는 1761년 라이프치히, 혹은 나움부르크에서 사망하였다.

49 요한 크리스토프 프리드리히 바흐Johann Christoph Friedrich Bach는 요한 제바스티안 바흐(24)의 다섯째 아들로 1732년 6월 21일 출생하였다.

보충: 뷔케부르크의 백작가家 카펠마이스터로 활동하고 있으며, 음악적 재능이 뛰어난 부인과 아이들을 두었다.

50 요한 크리스티안 바흐Johann Christian Bach는 요한 제바스티안 바흐(24)의 여섯째 아들로 1735년 9월 5일에 태어났다.

보충: 아버지가 세상을 뜬 후에 형 카를 필리프 에마누엘 바흐가 있는 베를린으로 갔다. 그 형이 그를 가르치고 길렀다. 1754년 이탈리아로 갔고, 지금 영국 여왕의 궁정에서 일하고 있다(우리 가운데서 오직 요한 크리스티안만 신실했던 파이트와 다르게 살았다).

51 요한 크리스토프 바흐Johann Christoph Bach는 요한 니콜라이 바흐(27)의 맏아들이다.

52 —바흐—Bach는 요한 니콜라이 바흐(27)의 둘째 아들이다.

53 요한 하인리히 바흐Johann Heinrich Bach는 요한 크리스토프 바흐(28)의 외아들이며 훌륭한 클라비어 연주자이다. 173-년.

바흐는 자신을 위해서는 누구에게도 머리를 숙인 적이 없다. 그러나 자식을 위해서는 자존심을 굽혔다. 그리고 그는 매우 자상한 아버지 였다. 그렇게 키운 자식 가운데 네 아들이 음악가가 되었다. 이들 중 에서 차남 에마누엘 바흐와 막내 크리스티안 바흐는 그 시대의 주역 이었다. 그러나 그 시대는 혼란한 '과도기'였다.

이 책은 대중을 위해 쓴 바흐의 네 아들에 관한 전기적 저작들 가운데 가장 널리 읽히는 책이다. 마르틴 겍은 이들의 전기적 내용 외 에도 지난 세기 후반부터 일기 시작한 바흐의 네 아들에 관한 음악계 의 열띤 관심과 학계의 연구 결과들을 간추려 이 책에 담았다. 저자 는 특유의 필력으로 학술적 연구 결과물들을 이야기로 풀어 쓰고, 필 요한 부분에서는 적절한 일화를 꺼내어 말하고자 하는 바를 강조한 다. 저자는 그들의 작품을 자세히 들여다보기보다는 그들의 삶을, 그 질풍노도의 과도기를 헤쳐 가는―또는 그것에 좌절하는―모습을 더 눈여겨본다. 그러면서도 저자는 그들의 대표작들을 놓치지 않고 거 론하며 그들이 추구했던 음악적 이상을 자세히 설명한다.

여기에 그 시대와 이 네 아들의 활약상을 건너편에서 바라본 다 른 학자의 견해를 소개한다. 찰스 로젠(1927~2012)은 그의 명저『고 전적 양식』(풍월당, 2021)에서 "이 시기에 작곡가는 극적 놀라움과 형식의 완벽함 가운데 하나를, 표현성과 우아함 가운데 하나를 선택해야 했다. 둘 다 갖는 것은 거의 불가능했다"며, 고전주의 양식의 성립과 관련하여 "크리스티안과 에마누엘 바흐에 그토록 많은 빚을 진 시대, 그들의 장인정신과 혁신에 그토록 의존했던 시대가 나중에 헨델과 제 바스티안 바흐의 작품을 (…) 다시 흡수하고 나서야 비로소 자신만의 뚜렷한 양식을 마련할 수 있었다는 점은 역설적이다"라고 설명한다.

바흐의 네 아들에 관한 이야기는 곧 위대한 바흐 가문이 스러져 가는 이야기이기도 하다. 3세기 가까이 독일의 음악을 떠받쳐 왔고, 요한 제바스티안 바흐로 정점에 이른 이 찬란했던 가문은 이렇게 이 네 아들을 끝으로 역사의 뒤편으로 사라졌다.

이 책은 2011년 한양대 음악연구소의 제4회 국제 바흐 페스티벌 (주제: 바흐의 아들들)을 기해 번역하였다. 나의 오랜 관심 분야이고 10년 가까이 이끌어 오던 바흐와 고음악 일을 마무리하며 펴냈던 책 이다. 나주리 박사가 권해 같이 번역을 시작했으나 그 행사 일에 쫓기 느라 페스티벌이 끝난 뒤에야 출간하였다. 그런데 이 책은 절판된 뒤 에도 여전히 내 마음에 남아 있었다. 고맙게도 이렇게 개정할 수 있게 되어 이를 다시 들여다보며 전반적으로 고쳐 다듬고, 옮긴이 주와 부 록으로 바흐 가문 계보를 더했다. 그리고 화사하게 색^色을 입혀 모습 도 일신하였다.

이 책을 다시 펴내는 풍월당에 감사한다.

2023년 11월

강해근

요한 제바스티안 바흐가 활동하는 동안 그의 위대성을 바르게 인식한 전문가들은 소수에 불과했다. 그리하여 바흐는 사후 빠르게 잊혀갔다. 그런 가운데 아버지로부터 음악교육을 받은 네 아들은 천재적 재능을 지녔음에도 힘겨운 삶을 살거나(빌헬름 프리데만), 아버지의 후광에 기대어 출발하여 마침내 음악의 새로운 변화를 선도하며 큰 명성을 누리거나(카를 필리프 에마누엘), 또는 소박하게 한 자리에 머물며 시류의 변화를 따르고(요한 크리스토프 프리드리히), 일찍이 독일을 벗어나 아버지와는 다른 영역에서 대중의 사랑을 받으며(요한 크리스티안), 각기 다른 삶을 살았다. 비록 삶의 모습은 달랐지만 그들은 "형이 작곡하기 위해 살았다면, 나는 살기 위해 작곡했다"는 막냇동생의 고백처럼 모두가 치열하게, 애써 쟁취한 자리에서 자신들의 주변 환경을 개척하고 때로는 돌파해 가며 한 시대를 앞장서 헤쳐 나갔다. 그들은 '갈랑', '감정양식', 혹은 '전고전주의'로 불리는 한 시대의 주역이었고, 그럼으로써 고전주의라는 거대한 흐름의 물꼬를 트는 데 결정적으로 기여한 것이다.

바흐의 네 아들이 차지하는 이러한 역사적 위치와 의미가 낯설게 느껴지는 것은 우리의 편협함 때문이다. 음악학계가 그 시대를 과도기로 자리매김하면서 우리는 오랫동안 그 시대와 그들의 음악을 진지하게 대하지 못하고 그저 부수적인 것으로, 가벼운 것으로 치부해 왔다. 우리는 카를 필리프 에마누엘 바흐가 하이든과 베토벤에게 끼친 영향이나 요한 크리스티안 바흐를 사숙한 모차르트의 경우 등 그들의 시대적 역할에는 주목했으나 정작 그들이 추구했던 음악적 이상에 대해서는 진지한 관심을 보이지 못했고, 그들이 남긴 작품들의 예술성을 바르게 평가하는 일에도 크게 노력을 기울이지 않았다. 그래서 그들의 작품은 우리 곁에서 멀어졌고, 낯선 음악이 될 위험에 처하게 되었다. 이 모두가 '과도기'를 대하는 우리의 편협한 자세의 결과다. 따라서 이제부터 우리는 바흐의 네 아들을 대할 때 좀더 공정하고 객관적인 자세로 임해야 할 것이다. 마르틴 겍이 이 작은 책을 펴내며 우리에게 촉구하고 있는 바가 바로 그것이다.

2012년 9월

강해근, 나주리

바흐의 네 아들

초판 1쇄 펴냄   2023년 12월 4일

지은이   마르틴 젝
옮긴이   강해근, 나주리

펴낸곳   풍월당
출판등록   2017년 2월 28일 제2017-000089호
주소   [06018] 서울시 강남구 도산대로 53길 39, 4층
전화   02-512-1466
팩스   02-540-2208
홈페이지   www.pungwoldang.kr

만든 사람들
편집   조민영
디자인   이솔이

ISBN 979-11-89346-47-8 03670

이 책의 내용을 이용하려면 반드시 저작권자와 풍월당의 동의를 받아야 합니다.